理解しやすい
地理総合

内田忠賢 **監修**

文英堂

はじめに

地域や環境のこと，日本のこと，世界のことを，現代的な視点で深く学ぶ

● 現代社会を理解する上で，地理の学習は，とても大切です。高校の諸科目の中でも，地理は最も重要な科目のひとつです。「地理総合」が高校での必修科目であることが，その証拠です。私たちは，自分が属する地域を生き，周囲の環境と折り合いを付け暮らしています。また，より広い地域，そして日本という国家の広がりの中にいます。さらに，グローバル化した現代では，私たちの暮らしは，世界各地の動きと連動しています。現代社会を生きるためには，地域のこと，環境のこと，日本のこと，世界のことを関連付けながら，総合的に深く学ぶことが必要です。

● Think Globally, Act Locallyという言葉があります。地球規模で物事を考え，身近なところから行動を始める… 現代社会，現代世界を考える際によく使う言葉です。まさに地理の学習です。個々の地理的な知識は，地球上のひとつの出来事にすぎないように思えます。しかし，地球規模で見れば，ほかの場所にも類似の事例があり，それらは相互に関連している場合が少なくありません。たとえば，個々の民族問題を取り上げる場合，地球規模で比較でき，相互の関連性を指摘できます。しかも，その前提は，世界各地の諸民族を正しく理解し，尊重し合うことなのです。

● 国連で採択されたSDGs(持続可能な開発目標)には，人類が生き延びるため，17のゴール，169のターゲットが設定されています。その大部分は，「地理総合」という科目で扱う内容であり，この本の各所で解説されます。つまり，この本は，高校や大学入試の学習に対応するのはもちろん，大学生や社会人にとっても，現代を読み解く知恵が詰まった解説書なのです。

監修者　内田忠賢

本書の特長

1
日常学習
のための
参考書として
最適

本書は，高校での「地理総合」の教科書にあうように，教科書の学習内容を多くの小項目に細分して編集しています。したがって，学校での授業の進行にあわせて，しっかりと予習や復習をすることができます。さらに，本文の重要用語を集めた「要点チェック」も用意しているので，定期テストの準備に使うこともできます。

2
学習内容の
要点がハッキリ
わかる編集

皆さんが参考書に最も求めることは，「自分の知りたいことがすぐ調べられること」「どこが重要なのかがすぐわかること」ではないでしょうか。

本書ではこの点を重視して，小見出しを多用することでどこに何が書いてあるのかが一目でわかるようにし，また，学習内容の要点を太文字や赤文字，重要な文章を黄下線ではっきり示すなど，いろいろな工夫をこらしてあります。

3
見やすく豊富な
図表や写真

「地理総合」を理解するうえで，図表やグラフは不可欠なものです。本書では，適所に図表やグラフを掲載しています。図表は，視覚的に理解できるように工夫しています。また，統計は新しい数値をもりこんでいます。写真も，「百聞は一見にしかず」という意味で，理解を助けてくれます。

4
地理総合が
より深く
理解できる

本書では，まずはじめに，そのチャプターの全体的なまとめを示したうえで，解説に入っています。解説は，本文のほかに，理解を助けたり，深めたりする「用語」「補説」をつけています。しかし，それらにはあまりこだわらず，まず学習内容の大筋をつかんでください。本文中にある「ポイント」は，必ず覚えるようにしましょう。

本書の活用法

1 学習内容を整理するために

 「まとめ」は，各チャプターのはじめにあって，そのチャプターで学ぶすべての学習項目をまとめています。そのチャプターの全体像をつかむことができます。

 「ポイント」は，絶対に理解して覚えなければならない重要ポイントを示しています。テストでも，よく取りあげられる点ばかりです。

要点チェック 「要点チェック」は，その編に出てきた重要用語のチェックをします。テスト前などには，必ずおさえておきましょう。

2 理解を深めるために

地熱発電
(⤷ p.145) 本文では，重要な用語や人物名を太字で示しています。タイトルの太字にも注意しましょう。また，⤷ のさし示す参照ページの指示があるときは，必ずそちらも目を通してください。

補説
用語 「補説」は，より詳しい解説が必要な重要事項を取りあげています。「用語」は，本文中に出てくる重要用語の定義を示しています。複雑なことがらを整理するのに役立ちます。

\ TOPICS / 「トピックス」は，本文を深く理解するために，ほりさげた解説をしています。

特集 「特集」は，本文で扱ったテーマについて，より深く理解することのできるページです。

4

もくじ CONTENTS

第2編 世界の理解と国際協力

CHAPTER 1 世界の地形と人々の生活

CHAPTER 2 世界の気候と人々の生活

CHAPTER 3 世界の言語・宗教と生活文化

第3編 日本の国土と持続可能な地域づくり

第 **1** 編

さまざまな地図や地理情報システムと現代社会

・・・

1 ≫ 球面上の世界

まとめ

① 地球上の位置と時差 ↪p.11

☐ **地球上の位置**

- **地球**…半径が約6,400km，全周が約40,000kmの球体。
- **地球の表面**…海洋が約7割を占め，陸地が3割。
- **緯度と経度**…地球上での地点を特定する角度。赤道と本初子午線が基準。
- **対蹠点**…地球上で正反対になる地点。

☐ **時差**

- **地軸の傾きと日中時間**…低緯度に対して，高緯度ほど夏の日中時間が長く，冬の日中時間が短くなる。
- **標準時**…一定の地域ごとに共通の時刻(標準時)が定められている。日本の標準時子午線は東経135度。
- **時差**…原則として経度15度で1時間の時差が生まれる。
- **サマータイム**…高緯度地域で日中時間が長くなる夏に，時刻を1時間早める制度。

② 地理的視野の拡大 ↪p.16

☐ **世界**

- **古代の世界観**…円盤説から球体説に変化し，地理的情報も増加。
- **中世**…キリスト教的な世界観が強まったヨーロッパで円盤説に後退。イスラーム世界では東アジアまで描いた地図が作成された。
- **近代以降**…地球球体説が復活。大航海時代に南北アメリカ大陸が"発見"されるなど，地理的知識が拡大。

☐ **日本**

- **近世以前**…奈良時代に作成されたとされる行基図が利用されてきた。
- **近世後期**…測量技術が伝わり，伊能忠敬により実測図の作成が開始された。
- **近代以後**…陸軍(陸地測量部)が地図を作成。現在は国土地理院が引き継いでいる。

1 地球上の位置と時差

▶ 私たちの暮らす世界は球面上に広がっており，位置は緯度・経度で考える。緯度の違いが日中時間と日照量の違いをもたらし，経度の違いが時差を生みだしている。

1 地球上の位置

1 私たちが暮らす地球

❶ **地球の大きさ**　地球は，半径が約6,400km，**全周が約40,000km**の球体である。ただし，北極と南極を結ぶ地軸を中心に自転しているため，赤道方向に若干膨らんだ回転楕円体で，赤道の全周(約40,075km)の方が子午線の全周(約40,009km)よりやや長くなっている。

❷ **地球の表面**　地表面は海洋が大部分を占めている。海洋と陸地との比率はおよそ７：３となっている。

2 緯度と経度

❶ **緯度**　地球の中心からみて，その地点と赤道との間に生まれる南北方向の角度。同じ緯度の地点を結んだ線を緯線とよび，赤道と平行する。赤道から北極までが北半球で緯度は北緯，赤道から南極までが南半球で緯度は南緯となる。

❷ **経度**　地球の中心からみて，その地点と本初子午線との間に生まれる東西方向の角度。
同じ経度を結んだ線を経線(子午線)とよぶ。本初子午線から東側が東半球で東経，本初子午線から西側が西半球で西経となり，東経180度と西経180度は一致する。

❸ **対蹠点**　地球上のある地点に対し，その正反対に当たる地点を対蹠点という。東京(東経140度・北緯36度)の対蹠点は，南大西洋の西経40度・南緯36度となる。

▲緯度と経度

図中のラベル：
本初子午線　北極　東経135°線（日本の標準時子午線）　180°の経線　ロンドン　西経(W)　北緯35°線　北緯(N)　緯度　経度　南緯(S)　東経(E)　赤道　南極

★1　現在，世界の位置を表す基準となっている世界測地系は，地球の正確な形である楕円体に基づいて定義されている。

★2　北極と南極を通るように地球を切断した際の円弧。

★3　フランス中西部のナント付近を中心とする半球は，陸地の80％以上をふくみ，陸地面積の割合が約47％で最も高くなるため，陸半球とよばれる。反対にニュージーランド沖のアンティポディーズ諸島を中心とする半球は，海洋面積の割合が約90％で最も高くなり，水半球とよばれる。

★4　緯度は0度。

★5　イギリスのロンドン郊外に位置する旧グリニッジ天文台を通る子午線(経線)。1884年の国際子午線会議で経度0度に定められた。

2│時差

1 日中時間と時差

❶地軸の傾き　地軸(自転軸)は公転面に対して、約66.6度(66度34分)の傾きを保っている。そのため夏至の正午に太陽は北緯23.4度(23度26分：北回帰線)の真上に到達し、北半球では日中時間(昼間時間)が最も長くなる。反対に冬至の正午に太陽は南緯23.4度(23度26分：南回帰線)の真上に達し、北半球では日中時間が最も短くなる。

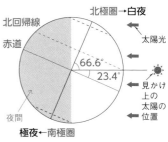

▲夏至の日の太陽と地球

❷緯度と日中時間　日中時間と夜間時間は、赤道上では年間を通して12時間ずつとなるが、**緯度が高くなるほど夏は日中時間が長く、冬は夜間時間が長くなる。**夏至には、北緯66.6度(66度34分：北極線)以上で太陽が一日中沈まない白夜と

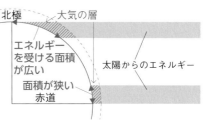

▲緯度と太陽エネルギーの受容量

なり、冬至には太陽が一日中昇らない極夜となる。北極線以北を北極圏とよび、同様に白夜や極夜が発生する南緯66.6度(66度34分：南極線)以南を南極圏とよぶ。[★1]

|補説|　**緯度と日射量との関係**　低緯度では太陽の高度が高く、高緯度では太陽の高度が低くなる。そのため、同量の太陽エネルギーを受け取る地表の面積が、低緯度では狭く、高緯度では広くなる。言い換えると、高緯度では単位面積当たりのエネルギーの受容量が少なくなるので気温が上がりにくい。さらに、高緯度に到達する太陽光は厚い大気層を通過する際にエネルギーが失われることも同様の効果をもたらしている。

　高緯度では季節によって太陽高度の変化や日中時間の変化が大きく、日射量の季節変化も大きくなるため、気温の変化(年較差⊂⇒p.87)も大きくなる。

❸標準時と時差　理論的には太陽が南中した瞬間が正午である。ただし自転している地球上では、正午を迎える地点が連続的に移っていくので、一定の地域ごとに共通の時刻(標準時)が設定されている。[★2]地球は24時間でほぼ1回転するので、**原則として経度15度ごとに1時間ずつ標準時がずらされており、[★3]2つの地点間の標準時の差を時差とよぶ。**本初子午線を基準とする国際的な時刻はグリニッジ標準時(GMT)とよばれる。[★4]

★1　北極圏や南極圏では高緯度になるほど、夏に白夜、冬に極夜となる期間がより長くなる。

★2　標準時は1つの国に1つとは限らず、アメリカ合衆国には本土だけで4つの標準時が存在する。対照的に中国では、全土の標準時がペキン時間に統一されている。共通の標準時で帯状に区分された地域を等時帯とよぶ。

★3　360度÷24時間＝15度／時間

★4　天文観測に基づくGMTに対し、現在は誤差の小さい原子時計が刻む協定世界時(UTC)が時刻の基準となっている。

❹日付変更線　各国・地域の標準時は，グリニッジ標準時(本初子午線)を基準に東はプラス，西はマイナスの時差で表す。[5]東経180度はプラス12時間，西経180度はマイナス12時間となるので，180度の経線にほぼ沿うように日付変更線が設定されている。[6]**日付変更線を西から東に越えるときには，日付を1日遅らせる。日付変更線を東から西に越えるときには，日付を1日進める。**[7]

> 補説　**インドのICT産業**　インドでは，1990年代以降，おもにアメリカ合衆国の企業から業務委託を受けてICT(情報通信技術)産業が急成長した。インドの国土のほぼ中央を東経80度の経線，アメリカ合衆国の国土のほぼ中央を西経100度の経線が縦断していることに着目すると，両国は昼夜がほぼ逆転する位置関係にあることに気づく。厳密には，東経82.5度を標準時子午線とするインドはGMT＋5時間30分，ICT産業の中心地であるアメリカ合衆国シリコンヴァレー(標準時子午線は西経120度)はGMT－8時間で，13時間30分の時差がある。アメリカ合衆国が夜を迎えている間に，日中のインドでデータ処理業務を引き継げるなど，ソフトウェアの効率的な開発が可能であったことが，インドでICT産業が急成長した一因とされる(⇒p.133)。

❺**サマータイム**[8]　緯度が高いほど日中時間の季節変化が大きくなる。**夏の日の出が早く，日没が遅い高緯度に位置する国や地域では，仕事の時間(ビジネスアワー)を前倒しして，日没までの時間を余暇などに有効活用できるように，期間中の時刻を1時間早めるサマータイム(夏時間)を導入している例がみられる。**サマータイムに切り替わると，それまで午前8時であった時刻が午前9時となる。

> 補説　サマータイムは，多くのヨーロッパ諸国や北アメリカの広い地域などで採用されている。日本でも連合国軍の占領下にあった1948年から実施されたが，過重労働などで国民の不評を買い，4年で廃止された。EUでも2021年をもってサマータイムが廃止される方針であったが，最終決定に至っておらず2022年も3月末からサマータイムが実施された。一方，アメリカ合衆国では，2023年からサマータイムを恒久化し，冬時間を廃止する可能性がある。

★5 日本の標準時(JST)は，兵庫県明石市を通過する東経135度に基づいて設定されており，GMT＋9時間となる。

★6 キリバスは，国土が日付変更線をまたぐ形で1979年に独立した。1995年に日付変更線東側の領域の日付を，西側の領域の日付に統一したので，付近では日付変更線が西半球側に突出している。

★7 マゼラン一行が，初めて世界周航に成功したとき，西回りに一周していたので，彼らの航海日誌は1日不足していた。当時，日付変更線の考え方が知られておらず，日付を進めなかったためである。

★8 デイライト・セービング・タイム(DST)ともいう。

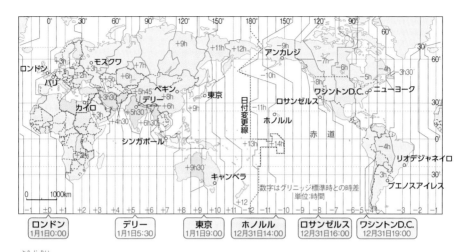

▲等時帯　太平洋のキリバスなどでは，日付変更線が国土の東端になる（⤴ p.13）。

・地球は全周が約4万kmの球体で，海洋と陸地の面積比は7：3。

・高緯度ほど夏季の日中時間が長く，冬季の日中時間が短い。

・時差｛原則として，経度15度ごとに1時間の時差が生じる。

　　　｛日本（東経135度）の時間は，ロンドンより9時間進んでいる。

⌐ TOPICS ⌐

時差の問題を解く

• 時差の問題を解く3つのポイント

①経度と時差…原則として，経度15度の差で，1時間の時差が生まれる。

②時間が進んでいるか，遅れているか…地球上の2地点間では，東側の方が常に時間は進んでいる。東へ向かうと時刻を進め，西に向かうと時刻を戻す。

本初子午線からみて，東半球は時刻が進み，西半球は遅れている。

③日付変更線を越えるとき…日付変更線を西から東に越えるときは，日付を1日進める。東から西に越えるときは，1日遅らせる。

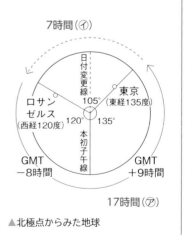

▲北極点からみた地球

● 例題1
　東京が1月1日10時のとき，西経120度を標準時子午線とするロサンゼルスでは，何月何日の何時になるか？

≪解き方その1≫
　日付変更線を越えないように考える→ポイント①から，東京とロサンゼルスの時差は17時間。ポイント②から，東京がロサンゼルスよりも17時間進んでいる（㋐）。ロサンゼルスは，1月1日10時より17時間遅れた12月31日17時となる。この解き方ではポイント③は使わない。

≪解き方その2≫
　日付変更線をまたいで考える→ポイント①から東京とロサンゼルスの経度差は360°−（135°＋120°）＝105°と求められ，7時間の時差となる。ポイント②から，東京より東に位置するロサンゼルスは7時間進んでおり（㋑），1月1日17時となる。ポイント③より，日付変更線を西から東に越えるので，日付を1日遅らせて12月31日17時と求められる。

● 例題2
　近年，リアルタイムで野球のメジャーリーグの試合を日本で観戦することができる。ロサンゼルスで現地時間6月10日19時に開始される試合は，日本時間では何月何日何時に始まるか？　ただし，ロサンゼルスではサマータイムが実施されている。

≪解き方≫
　ロサンゼルスで実施されているサマータイムは，平常時より時刻を1時間早める制度である。サマータイム期間中の19時は，平常時では18時にあたる。例題1で確かめられた通り，東京（日本）はロサンゼルスより17時間進んでいるので，ロサンゼルスの6月10日18時は，日本では6月11日11時と求められる。

● 例題3
　現地時間の6月10日11時25分にロサンゼルスを出発した航空機が，東京に日本時間の6月11日15時25分に到着した。この航空機の飛行時間は何時間か？

≪解き方その1≫
　時差のある2地点間を移動する際には，どちらかの地点の時間に固定して考える。
　ロサンゼルスの時間で考える→例題2より，サマータイム期間中は東京の時間がロサンゼルスより16時間進んでいる（平常時は17時間進んでいる）。航空機が東京に到着した日本時間6月11日15時25分は，ロサンゼルスの時間では6月10日23時25分になる。よって，飛行時間は12時間となる。

≪解き方その2≫
　東京（日本）の時間で考える→航空機がロサンゼルスを出発した時刻は，16時間進んでいる東京（日本）の時間では6月11日3時25分になる。到着した時刻が6月11日15時25分なので，飛行時間は12時間となる。

²2 地理的視野の拡大

▶ かつて人々は，地球を円盤状の空間としてとらえていたが，次第に球体として認識されるようになり，地理的な情報も次第にふえていった。描かれる地図が正確になるとともに，世界の広がりも正しく認識されるようになった。

1 ｜ 世界

1 古代の世界観

❶地球円盤説　現存する最古の地図は，イラク南部で発見された粘土板に刻まれた世界図。古代バビロニアの主都バビロンを中心とし，ユーフラテス川が流れるバビロニアの陸地を海洋が取り囲んでいるという円盤状の世界観がうかがえる。ヘカタイオスの世界地図★2から，古代ギリシャでも紀元前5世紀頃まで，地球円盤説が信じられていたことがわかる。

★1 紀元前6世紀頃のものと推定されている。イギリスの大英博物館が所蔵。

★2 陸地をとりまくOCEANUS（オケアノス）がOcean（海洋）の語源。インダス川流域まで認知されていたことがわかる。

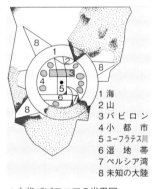

1 海
2 山
3 バビロン
4 小 都 市
5 ユーフラテス川
6 湿 地 帯
7 ペルシア湾
8 未知の大陸

▲古代バビロニアの世界図　　▲ヘカタイオスの世界地図

❷地球球体説　地球を球体とみなす考えは，ピタゴラスが唱えたが，アリストテレスが紀元前4世紀頃に月食時に観察できる地球の影から地球球体説を証明した。

　エジプトのエラトステネスは，紀元前3世紀に地球球体説に基づき，子午線の全周を約44,500kmと算出した。プトレマイオス★4は球体である地球を円錐面に投影する図法を考案した。

★3 紀元前6世紀頃のギリシャの哲学者・数学者。ピタゴラスの定理の発見者。

★4 2世紀のギリシャの天文学者・数学者・地理学者。英語ではトレミーとよばれる。彼が作成した地図の範囲は，地球全体の約4分の1にあたる。

補説　**エラトステネスの子午線測定**　ナイル川河口付近の
アレクサンドリアと中流のシエネ（現在のアスワン）はほぼ南
北の位置関係にあり，両都市間の距離は約890kmであるこ
とが知られていた。夏至の正午に真上（天頂）から太陽光が降
り注ぐシエネに対し，アレクサンドリアでは影を利用するこ
とで真上より7.2度（7°12′）の傾きをもって太陽光が差し
込むことを確かめたエラトステネスは，

$$7.2（度）：360（度）＝890（km）：x（km）$$

より，x＝44,500kmと子午線の全周を求めた。

[夏至の日の正午]

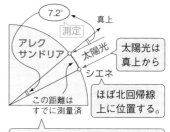

太陽は真上から

ほぼ北回帰線上に位置する。

両都市間の距離は7.2°に対応
するので，360°に相当する子
午線の長さを計算できる。

▲エラトステネスの測定

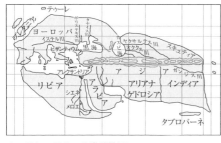

▲エラトステネスの世界地図
はじめて経緯線が使われているが，いずれも直線。

▲プトレマイオス（トレミー）の世界地図　エラト
ステネスの考えを継承した地図。地表を球面と
みなし，緯線が曲線で描かれている。

2 中世の世界観

❶キリスト教の社会　中世ヨーロッパではローマ＝カトリッ
クの権威が強まり，**地球球体説が否定されて聖地エルサレム
を中心とする世界観が支配的になる**とともに，地理的知識も
後退して，**TOマップ**[★5]が作成された。ただし，地中海での交
易がさかんになり，**羅針盤**[★6]が使用されるようになると，ポル
トラノ海図[★7]とよばれる航海用の地図も作成された。

★5 キリスト教的
世界観に基づく地図。
オケアノスに囲まれ
た円形の大地は，タ
ナイス川（ドン川），
地中海，紅海（また
はナイル川）でアジ
ア，ヨーロッパ，ア
フリカに分割されて
いる。上端（東方）に
楽園（パラダイス）を
想定している。

★6 磁石の針が南
北を指すことを利用
して，方位を知るた
めに用いる器具。コ
ンパス。

★7 各所に方位盤が，
放射状の方位線とと
もに描かれている。

▲TOマップ

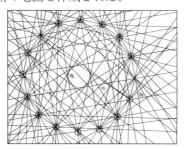

▲ポルトラノ海図

❷**イスラームの世界**　ヨーロッパと対照的に，イスラーム（イスラム教）が広まった地域では，プトレマイオスの世界地図が受け継がれ，新たな地理的知識も蓄積した。北アフリカのイドリーシー[★8]は，東アジア付近までを描いた世界地図を作成した。

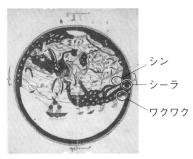

シン
シーラ
ワクワク

▲**イドリーシーの世界地図(左)**　上が南，下が北を指している。上下を反転させた右図で，シン(中国)，シーラ(新羅)との位置関係を考慮すると，ワクワクは日本(倭国)を指すと考えられる。

❸**地球球体説の復活**　ヨーロッパでは，十字軍の遠征をきっかけにイスラーム世界と接触する機会がふえた。さらにマルコ＝ポーロ[★9]の『世界の記述(東方見聞録)』(13世紀末)などの影響も加わって，東方への関心が高まった結果，地球球体説が復活した。

❸ 近世以後の世界地図

❶**大航海時代**[★10]　ヨーロッパでは，15世紀末から16世紀にかけて，多くの航海者や探検家が活躍し，その地理的知識は急速に拡大した。

❷**トスカネリの世界地図(1474年)**[★11]　地球球体説に基づき，ヨーロッパの西方にアジア(インド)を配置。アメリカ大陸の"発見"につながるコロンブスの西航に影響を与えた。

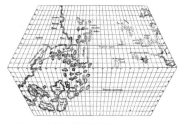

▲**トスカネリの世界地図**

❸**マルティン＝ベハイムの地球儀(1492年)**　現存する最古の地球儀。プトレマイオスの地図を基に作成されており，南北アメリカ大陸は描かれていない。

❹**メルカトルの世界地図(1569年)**[★12]　正角円筒図法(メルカトル図法 ⇨p.26)で作成された世界地図。

▲**マルティン＝ベハイムの地球儀**

★8 モロッコ出身の12世紀の地理学者。スペインのコルドバで学び，地中海諸国を歴訪した。

★9 ヴェネツィアの商人・旅行家。元王朝に仕えるなど17年間をペキンで過ごし，東南アジア，南アジアを経て1295年に帰国した。"黄金の国ジパング"として日本の存在にも触れた。

★10 ヨーロッパでは「地理上の発見の時代」ともいわれる。これ以降，ヨーロッパ人の世界進出が活発化し，各地に植民地が拡大した。

★11 フィレンツェの医師・地理学者。コロンブスと交流があった。

★12 フランドル(現在のベルギー)の地理学者。地球儀を作製して，メルカトル図法を考案。

補説 **メルカトルの世界地図にみられる正確性と不正確性**　メルカトルの世界地図には，ヨーロッパ周辺の様子や赤道の位置などがほぼ正確に示されている。また南北アメリカ大陸も描かれているが，北アメリカ大陸は誇大に表現されている。その原因には，天体を利用して比較的容易に求められる緯度に対して，経度の測定は困難であったことが関わっている。2地点間の時差から求められる経度は，持ち運びのできる正確な時計（クロノメーター）が開発

▲メルカトルの世界地図

された18世紀になってようやく測定が可能になった。さらにオーストラリア大陸と南極大陸が一体化して描かれるなど，ヨーロッパから離れた地域に関する正確な情報もまだ乏しかったことがわかる。

★13 18世紀末にカッシーニ一族が100年以上かけて，フランス全土の地形図を完成。

❺**産業革命後の地図**　スネリウス（1617年）以後の測量技術の進歩にともない，ヨーロッパ諸国で正確な地図が作成された。[13]

2 | 日本

1 日本における地図の発達

行基図▶
上が東，右が南になっている。室町時代に重用された百科辞書の『拾芥抄』にある。

❶**行基図**　奈良時代の僧侶である行基が作成したとされ，京都を中心に道路と諸国の位置を記している。

❷**長久保赤水の地図**　18世紀中頃，オランダを通じてヨーロッパの進んだ地図作成法が伝わり，初めて緯線と経線（方角線）を用いた日本地図が作成された。[1]

❸**伊能忠敬の地図**　19世紀に，**伊能忠敬**が初めて**実測による精密な日本地図**の作成を開始した。伊能忠敬死後の1821年に，高橋景保により『大日本沿海輿地全図』[2]として完成した。

❹**明治以後の地図**　国家事業として全国の測量が行われ，陸軍の陸地測量部が地形図の作成を行った。現在は国土交通省国土地理院が，地形図などの公的な地図を作成・発行しており，近年はWeb上で地理院地図（⤴p.38）も公開している。

★1 地理学者・儒学者であった長久保赤水が，1779年に『改正日本輿地路程全図』として大坂で刊行した。

★2 沿海部の正確性に対し，内陸部は空白が多く記述が乏しい。

POINT!

・世界観は，円盤説→球体説→円盤説（中世ヨーロッパ）→球体説と変化。
・南北アメリカ大陸の"発見"後の世界地図でも，緯度に対して経度は不正確であった。
・日本では，18世紀後半以降に近代的な地図が作成された。

» 地図の役割

まとめ

① 地球と地図 ☞ p.22

□ **球面上の距離と方位**

- 大圏コース…地表の2地点間を結ぶ最短経路。**大圏航路**。
- 等角コース…子午線との角度が常に一定に保たれる経路。
- 方位…子午線方向が北―南で、これに垂直な方向が東―西。赤道上以外では、東―西は緯線方向と一致しない。

□ **球面の世界と平面の地図**

- 地球儀…地球をかたどる球形の立体模型。面積、距離、形、方位などを同時に正しく表現できる。
- 地図投影法(図法)…球面を平面に描くための方法。正距・正積・正方位・正角の条件をすべて同時に満たすことはできない。
- 平面図法…平面に地表の影を投影。いずれも中心からの方位が正しい。距離の正しい正距方位図法や面積が正しいランベルト正積方位図法など。
- 円錐図法…円錐面に地表の影を投影。正距円錐図法のほか、擬円錐図法の多円錐図法やボンヌ図法(正積)など。
- 円筒図法…円筒面に地表の影を投影。等角コースを表現できるメルカトル図法のほか、擬円筒図法のサンソン図法(正積)、モルワイデ図法(正積)など。

② さまざまな地図とその利用 ☞ p.29

□ **地図の分類**

- 内容による分類…各種の事象を網羅する一般図と特定の事象に限られる主題図。
- 表示法による分類…紙に描かれたアナログ地図とコンピュータや携帯端末で利用するデジタル地図。

□ **統計地図**

- 絶対分布図…絶対量の分布を、点・線・図形などで表現。ドットマップ、図形表現図、等値線図、流線図など。
- 相対分布図…割合などの相対量の分布を、色彩や模様で表現。階級区分図、メッシュマップなど。

③ 地形図・地理院地図とその利用 ☞p.34

□ 地形図
- ・地形図…UTM図法で作成された国土地理院が発行する一般図。

□ 地形図の読図
- ・土地の標高や起伏…基準点の数値や等高線を手がかりに読み取る。
- ・土地利用や開発状況…地図記号や地名などを手がかりに読み取る。

□ 地理院地図とその活用
- ・地理院地図…国土地理院がWeb上で公開しているデジタル地図。
- ・地図の種類…標準地図，空中写真のほか，各種の主題図を閲覧できる。
- ・ツール機能…作図，計測，断面図の作成など各種の作業を行える。

④ 地理情報システム（GIS）の活用 ☞p.43

□ 地理情報システム（GIS）
- ・GISとは…さまざまな地理情報を地図化し，分析や判断を可能にする技術。
- ・地理情報…位置に関する空間情報と属性情報からなる。主題ごとにまとめられ，層（レイヤ）に表示することで，他の地理情報と重ね合わせられる。
- ・ベクタ型のデータ…点・線・面で表現される地理情報。
- ・ラスタ型のデータ…格子状のセル（ピクセル）で表現される地理情報。
- ・GNSS…人工衛星からの電波を利用して地球上の位置を測定するシステム。GISに必要な位置情報を提供。GPS（アメリカ合衆国），みちびき（日本）など。
- ・リモートセンシング…人工衛星などから地表を観測。
- ・GISの活用…カーナビゲーションシステムや地図アプリなどでの個人の利用，商圏分析やエリア・マーケティングなど私企業での利用，ライフラインの管理やハザードマップの作成など公益企業・自治体での利用など多岐にわたる。

□ さまざまなGISソフトとその活用
- ・地理院地図…最も簡便なWeb GIS。さまざまな地図を重ね合わせたり，自分で新規レイヤを追加したりできる。必要なレイヤのみを表示できる地理院地図Vectorも公開されている。
- ・MANDARA…統計地図の作成に便利。国土数値情報も活用できる。
- ・e-Stat…国勢調査など政府が実施している統計のデータをダウンロードできる。
- ・RESAS…ビッグデータを用いて，統計地図の作成や地域調査に活用できる。

SECTION 1　地球と地図

▶ 球面上に広がる世界では，2地点間の経路も距離も円弧上に表される。一方，立体を平面に完全に再現することは不可能で，いずれの地図も制約をかかえていることが，それぞれの特徴につながっている。

1 | 球面上の距離と方位

1 2地点間の経路

　球面上の2つの地点を直線で結ぶことはできない。2地点間を結ぶ経路は，その2つの地点をふくむように地球を切断して生まれる円弧(えんこ)と一致し，距離は円弧の長さとなる。

2 大圏(たいけん)コースと距離

　球面上の2つの地点を結ぶ経路を，最短で結ぶ直線に近づけるためには，地球の切断面を最大にすればよい。[★1]小円に沿ったAPB(青線)よりも，大円に沿うAQB(赤線)の円弧の方が距離が短く，これが球面上での最短となる。地表で最短距離となる経路を，大圏コース(大圏航路)[★2]とよぶ。通常，2地点間の距離とは，大圏コース上の最短距離[★3]をいう。

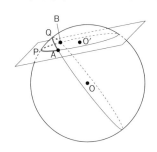

▲2地点間の経路

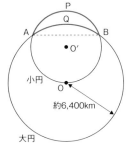

▲地球の切断面の大きさと
2地点間の距離

3 等角(とうかく)コース

　A地点からB地点に向かうときの舵角(だかく)[★4]が，常に一定に保たれる経路を等角コース(等角航路)とよぶ。2つの地点を移動する際には，大圏コースよりも遠回りとなるが，等角コースを進めば確実に目的地へ到達できる。

★1 地球の切断面が最大になるのは，地球の中心(O)を通るように切断するときであり，その半径は約6,400kmになる。こうして生まれる円周を大円とよび，それ以外の切断面はすべて小円(中心はO′)となる。

★2 大圏とは，地球の中心を通る平面が地表と交わることでできる円のことであり，大円と同じ。よって，大圏コースを，大円コース(大円航路)ともよぶ。

★3 地形図に示された地域など比較的狭い範囲内での2地点間の距離の場合は，大圏コースに沿っていなくても，わずかな誤差として無視してよい。

★4 進行方向と子午線(ごせん)(経線(けいせん))との角度。

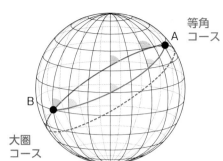

等角
コース

大圏
コース

▲球体上の大圏コースと等角コース

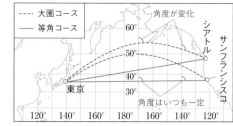

▲メルカトル図法での大圏コースと等角コース

補説　**大圏コースと等角コース**　大圏コースは，地表面の任意の2地点を最短距離で結ぶが，この経路を進むと舵角が場所によってどんどん変化していく。現在は人工衛星を利用したGNSS(⊃p.44)で正確な位置を知ることができ，それにあわせて舵角を変えていくことが可能であるが，かつては舵角を固定して確実に目的地に到達できる等角コースでの航海が行われた。正角図法のメルカトル図法(⊃p.26)は，現在地から目的地までの直線が等角コース(直線と経線との角度が舵角)となるため，海図として利用されてきた。

4 方位

　地表面の一点から見た別の地点の方向を方位とよび，**子午線(経線)方向の北―南，これに垂直な方向の東―西が基準**となる。球面上での方位は，2本の紙テープを垂直に交差させて地球儀にあててみればよい。地球儀上で1本を北極(北)と南極(南)を結ぶ子午線方向に固定すれば，もう1本の紙テープが延びる方向が東―西である。

★5　北・南・東・西の4方位のほか，それぞれの中間に北東・南東・南西・北西をとる8方位，さらに北北東・東北東・東南東・南南東・南南西・西南西・西北西・北北西を加えた16方位などが使われている。

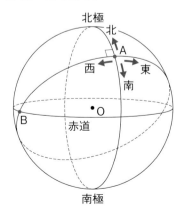

◀A地点からの方位
南北方向に垂直な東西方向は，A地点と中心Oを通るように地球を切断した面の円周方向となり，赤道上のB地点はA地点からみると西に位置することになる。赤道上の地点以外では，東西方向が緯線方向と一致しないことに注意。

2 | 球面の世界と平面の地図

1 地球儀と地球

　地球儀は，地球をかたどってつくられた球形の立体模型で，面積，距離，形，方位などを同時に正しく表現することができる。一方，球面の地表を縮小し，平面に変換して表示する地図には，必ず歪みが生じる。

❶地図が重視する条件　縮尺の小さい世界地図で，次のいずれかの条件が重要になるが，**すべてを正しく表現できない。**

  ① 距離が正しく示されている＝正距
  ② 面積が正しく示されている＝正積
  ③ 方位が正しく示されている＝正方位
  ④ 角度が正しく示されている＝正角

❷地図投影法　球体である地球表面の様子を，平面に描く方法。さまざまな地図投影法（図法）が考案されているが，それぞれ正しく表示できる条件が異なるので，目的に応じて選択する必要がある。

2 さまざまな地図投影法（図法）

❶平面図法　地球に1点で接する平面に地表の影を写しとる図法で，一般に図の輪郭は円形になる。**接点（図の中心）からの方位が正しく表現できるため方位図法ともよばれる。図の中心と任意の地点を結ぶ直線は，**大圏コースにあたる。

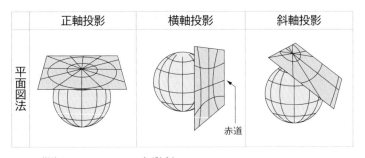

	正軸投影	横軸投影	斜軸投影
平面図法			赤道

  ① **正射図法**　視点を無限遠において投影。立体感をもって地球を見ることができるが，正積でも正角でもない。
  ② **平射図法（ステレオ図法）**　視点を接点の反対側（対蹠点）において投影。正方位かつ正角。

★1 実際の距離と地図上の長さとの比率を，縮尺とよぶ。縮尺とは，本来，地図を作成するもとになった地球儀と地球の半径の比率を指した。

★2 地表の様子が大きく描かれている地図を「縮尺が大きい」，小さく縮小されている地図を「縮尺が小さい」という。縮尺は一般に分数で表され，5万分の1は20万分の1より縮尺が大きく，2万5千分の1より縮尺が小さい。

★3 地図は実際の地表を縮小して描いているので，厳密には相対的な距離関係が正しいということ。なお，正確に表現できる距離は，特定の方向または特定の地点からに限られる。

★4 厳密には相対的な面積関係が正しいということ。

★5 中心からの方位のみが正しい。

★6 角度が正しく表現できるため，比較的狭い範囲内の地表の形が，相似形で描かれる。

2
地図の役割

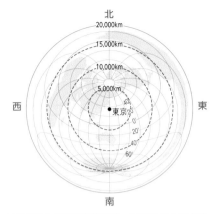

▲東京中心の正距方位図法　正距離かつ正方位。
赤点線は東京からの距離。

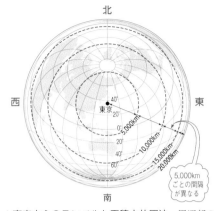

▲東京中心のランベルト正積方位図法　周辺部の
経緯線間隔が縮む。正積かつ正方位。

5,000km
ごとの間隔
が異なる

③ 心射図法　視点を地球の中心において投影。周辺が極端
に拡大し，半球図も描けない。任意の2点を結ぶ直線は
大圏コースを指すが，距離は不正確。

④ 正距方位図法　図の中心からの距離と方位が正しく，航
空図に利用される。全球図では，外周が中心の対蹠点と
なる。極を中心とした場合，緯線が等間隔の同心円となる。

⑤ ランベルト正積方位図法　正距方位図法に似ているが，
方位と面積が正しく，距離は不正確[★7]。図の周辺部で形の
歪みが大きい[★8]。

❷ 円錐図法　地球にかぶせた円錐に
地表の影を写しとる図法。円錐を
展開すると図の輪郭は扇形となる
ので，その一部を長方形などに切
り取って利用することが多い。一
般に緯線は同心円[★9]，経線は放射線
となる。

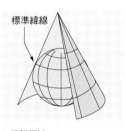

標準緯線

▲円錐図法

① 正距円錐図法（トレミー図法）　標準緯線と経線方向の距
離が正しい。中緯度地方の地図に適する。

② ランベルト正角円錐図法　円錐図法を改良して正角とし
たもので，標準緯線に沿う地域は歪みが小さい。天気図
や100万分の1国際図などに利用。

★7 中心から離れ
るにつれ，距離が縮
小する。

★8 全球図では周
辺部が読み取りにく
くなるので，半球図
で使用されることも
多い。

★9 多くの円錐図
法が正軸投影で作成
されており，円錐と
地球はいずれかの緯
線で接している。地
球と円錐が接する緯
線を標準緯線という。

★10 平面図法，円
錐図法，円筒図法な
どを基に，数学的な
計算により条件が正
しくなるように改良
した図法を便宜図法
（任意図法）という。
円錐図法を基盤とす
る便宜図法は，擬円
錐図法とよばれる。

③ **多円錐図法**　緯度ごとにそれぞれ円錐をかぶせて，展開する図法で，**多面体図法**ともいう。地球儀の作成に利用する。

④ **ボンヌ図法**　円錐図法を改良して，正積図としたもので，緯線は等間隔の同心円。**世界全体を描くとハート形となり**，周辺部の歪みが大きい。中緯度の大陸図(地方の地図)に利用。

❸**円筒図法**　地球にかぶせた円筒に地球の影を写しとる図法。展開すると，図の輪郭は長方形で，緯線と経線はそれぞれ平行直線となり，直交する。

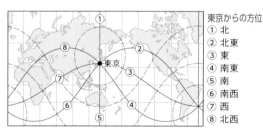
赤道
▲円筒図法

① **メルカトル図法**　経緯線をすべて平行直線で描き，緯線間隔は経線間隔の拡大率と等しくなるように調整した**正角図法**で，各緯線上での形が正しく示される。**高緯度ほど距離と面積が拡大**し，赤道上と経線方向以外の大圏コースはすべて曲線となる。しかし，図中の**任意の2点を結ぶ直線は等角コースを示す**ので，古くから海図として航海に利用されてきた。

[補説] **緯線の全周とメルカトル図法の拡大率**　赤道に対して，半径が2分の1になる緯度60度線の全周は約20,000kmになる。メルカトル図法では，赤道と同じ長さで描かれている60度の緯線は長さが2倍に拡大されている。そのため，面積は赤道付近と比べて4倍に拡大して描かれているということになる。

★11 ほとんどの円筒図法が正軸投影で作成されており，円筒と地球は赤道で接している。ただし地形図は，子午線で地球と円筒が接する横軸投影によるユニバーサル横メルカトル図法(UTM図法 ⇨ p.34)で作成されている。

★12 両極地方は，拡大率が無限大となるため描けない。

▲メルカトル図法の世界地図　東京からの方位は①〜⑧で示した線のようになる。この線が大圏コース(最短距離)にもあたる。

東京からの方位
① 北
② 北東
③ 東
④ 南東
⑤ 南
⑥ 南西
⑦ 西
⑧ 北西

② **ミラー図法**　メルカトル図法より高緯度の拡大率が抑えられて見やすいため，広く用いられているが，正角でも正積でもない。

★13 メルカトル図法とは異なり，両極を描くことができる。

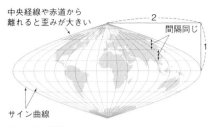

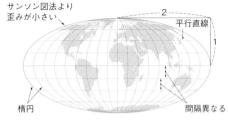

▲サンソン図法　　　　　　　　　　▲モルワイデ図法

③ **サンソン図法**　円筒図法を改良した便宜図法（擬円筒図法）で，正積。緯線は等間隔の直線で，長さの比は地球上での長さを反映している。中央経線以外の経線は，サイン（正弦）曲線。中央経線と赤道の長さの比は1：2で，低緯度地域の歪みは比較的小さい。

④ **モルワイデ図法**　円筒図法を改良した便宜図法（擬円筒図法）で，正積。緯線は高緯度ほど間隔が狭い。中央経線以外の経線は，楕円曲線でサンソン図法より高緯度地域が見やすい。

⑤ **グード図法**（ホモロサイン図法）　緯度40度44分より低緯度側をサンソン図法，高緯度側をモルワイデ図法で描き，両者を接合して海洋の部分で断裂させている。正積。

▲グード（ホモロサイン）図法

POINT!

① **球面上の経路**──大圏コースは地表の2地点を最短で結ぶ経路。2地点と地球の中心を通る切断面の円弧。
└等角コースは子午線との角度が常に一定となる2地点間の経路。

② **図法**─**平面図法**…地図は円形。正方位で，中心からの直線は大圏コース。
├**円錐図法**…緯線が同心円。一部を切り取って大陸図などで利用。
├**円筒図法**…緯線が平行線。高緯度ほど拡大。メルカトル図法は2地点を結ぶすべての直線が等角コースとなる。
└**便宜図法**…条件を正しくするために工夫された図法。不自然な輪郭の世界地図は正積図法が多い。

╱ TOPICS ╱
正距方位図法を読み取ろう
せい きょ ほう い

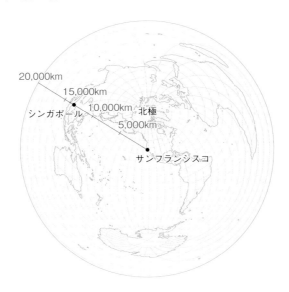

20,000km

15,000km

10,000km　北極

シンガポール

5,000km

サンフランシスコ

▲サンフランシスコ（北緯38度・西経122度付近）を中心とする
正距方位図法による世界地図（全球図）

● 中心から外周までの距離

①外周は…中心からみた対蹠点にあたるので，南緯38度・東経58度付近（南アフリカ共和国沖合のインド洋南西部）ということになる。
たいせきてん
なん い
とうけい

②距離は…地球全周の半分の長さなので，約20,000kmである。

● サンフランシスコとシンガポールを結ぶ直線

①中心と任意の1点を結ぶ直線は…大圏コースになる。
たいけん

②両都市の距離は…サンフランシスコから外周までの距離を基準にすれば，約13,000kmであることがわかる。

③サンフランシスコからシンガポールの方位は…正距方位図法は中心からの方位が正しいので，北極方向を基準にして，北西に位置することがわかる。

④シンガポールからみたサンフランシスコの方位は…南東（北西の反対）ではない。赤道付近に位置するシンガポールからの南東方向は太平洋北部ではない⇒正距方位図法の方位は，中心からだけが正しい！
せきどう

2 さまざまな地図とその利用

▶ 作成法，縮尺，表現内容や表示法で分類できる地図は，さまざまな場面で活用されてきた。統計地図やデジタル地図が普及した近年は，日常生活での利用機会がますます拡大している。

1│地図の分類

1 作成法による分類

❶実測図　現地での測量や調査などをもとに作成した地図。日本では国土地理院が発行する国土基本図(2,500分の1，5,000分の1)と2万5千分の1地形図のほか，海図，地籍図など。★3

❷編集図　実測図をもとに編集・加工して作成された地図。日本では国土地理院が発行する1万分の1地形図(都市部)，5万分の1地形図や地勢図(20万分の1)，地方図(50万分の1)のほか，民間で発行される大半の地図も編集図である。

2 縮尺による分類

明確な定義はないが，一般に1万分の1以上を大縮尺，1万～10万分の1を中縮尺，10万分の1未満(世界地図をふくむ)を小縮尺という。

3 内容による分類

❶一般図　多目的に利用できるよう，地形，道路，土地利用など各種の事象を網羅的に表現した地図。国土地理院が発行する地形図，地勢図などが好例。地理院地図(⇨p.38)の標準地図も一般図。

❷主題図(特殊図)　特定の事象をとりあげて表現した地図。土地利用図，地質図，天気図，観光地図，鉄道路線図，道路地図，海図などのほか，各種の統計地図もふくまれる。

4 表示法による分類

❶アナログ地図　従来の紙に描かれた地図や印刷された地図。古代バビロニアの粘土板に刻まれた地図もふくむ。

★1 平野とその周辺部で作成。家屋が1軒ずつ描かれ，都市計画などの基礎資料に利用される。

★2 船舶の航行や停泊に利用。海上保安庁の海洋情報部が作成。

★3 土地の所有関係を示す地図。課税や登記の基礎資料となる。

★4 土地利用の様子を，記号や色分けで区分した地図。国土地理院が発行。

★5 岩石の種類，地質の構造などを記号や色分けで区分した地図。

❷**デジタル地図**[6]　さまざまな情報を数値データとして処理し，画像化した地図で**コンピュータや携帯端末を介して利用する**。専用のソフトウェアによる作成やウェブサイトでの閲覧・利用が可能。

★6　電子地図，数値地図ともよばれる。

TOPICS

デジタル地図の活用

● デジタル地図の利便性

　紙に印刷された地図では，その範囲外を閲覧することはできず，作成時と閲覧時のタイムラグを避けられない。それに対し，デジタル地図では，利用者が表示範囲を自由に変更したり，拡大・縮小したりできるほか，サービスの提供業者がデータを頻繁に更新するので最新状態の地図を閲覧することができる。

　またデジタル地図は，パソコンのほか，持ち運びが容易なスマートフォンやタブレット端末の画面に表示されるので，そうした装置さえあれば，いつでも，どこでも利用することができる。施設名や住所を検索すれば，目的地付近の地図を瞬時に表示したり，移動経路を知ることもできる。経緯度の特定，面積の計算，断面図の作成など，アナログ地図では面倒な作業も容易に行える。デジタル化された他の情報との統合（GIS ⮕p.43）により，さまざまな主題図の作成にも活用されている。

● Googleマップで移動経路を調べてみよう

　インターネット関連企業のGoogleがWeb上で提供しているGoogleマップは，最も普及しているデジタル地図の1つである。Googleマップの「ルート」検索で，出発地に「京都駅」，目的地に「文英堂」と入力すると，両地点の移動経路と所要時間が示される。例えば，徒歩で移動しようとすると34分ほどかかることが確認できる。公共交通機関を利用する場合，鉄道やバスによる経路がその時点に最も近い出発時刻とともに示される。もちろん，自動車で移動する場合についても，複数の経路や所要時間が表示される。

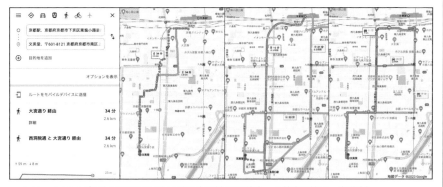

▲Googleマップに表示された経路と所要時間（左から徒歩，公共交通機関，自動車）

2 | 統計地図

1 統計地図の特色

　統計地図は，各地の人口や生産量などの数量データ，気温や降水量などの観測データの分布を表現した主題図。統計数値の分布状況を視覚的にとらえることができる。

2 統計数値の特性に基づく分類

❶絶対分布図　統計的な数値の絶対量の分布を，点の数や図形の大きさなどで直接表現した地図。分布の密度を正しく表現するためには，基図に正積図を用いる必要がある。

❷相対分布図　統計的な数値の相対量の分布を，いくつかの階級に区分して表示した地図。

分類	統計地図の例
絶対分布図	ドットマップ，図形表現図，等値線図，流線図，変形地図(カルトグラム)
相対分布図	階級区分図，メッシュマップ

3 さまざまな統計地図とその利用

❶ドットマップ　点(ドット)の数で数量を表現する。絶対量の分布を詳細に示すことができる。

❷図形表現図　図形の面積や体積で数量を表現する。単位となる地域ごとの絶対量を示すのに適している。

❸等値線図　等しい数値の地点を線で結び，分布の範囲を表現する。空間上を連続的に数値が変化する事象(気温，降水量，標高など)の分布を示すのに適している。

❹流線図　人やモノの移動方向を矢印や線の向きで，移動量をその太さで表現する。人口移動や貿易状況を示すのに適している。

❺変形地図(カルトグラム)　数量に応じて，対象となる国や地域の形や大きさなどを変化させた地図。

❻階級区分図　割合や密度などの相対量を，いくつかの階級にわけ，単位となる地域ごとに模様や色彩で表現する。

★1　市町村別の人口や米の生産量など，「多い」「少ない」で表現することのできる数量のこと。

★2　ベースマップ(⤴p.38)ともいう。地理情報を表示する際に位置関係などを示すための背景となる地図。

★3　人口増加率や農業産出額に占める米の比率など，「数値Bに対する数値A」のような割合のこと。

★4　点描図ともよばれる。

★5　コロプレスマップ，段彩地図ともよばれる。

★6　対象地域の面積の大小によって過大または過小に見える可能性がある。

❼**メッシュマップ**　地域を等面積に区切ったメッシュ（網目）ごとに数値を階級区分し，それぞれのメッシュに模様や色彩を表示する。各メッシュの面積は同一になるので，ある事象の分布は必然的に密度（相対量）で示される。

> 補説 **絶対量と階級区分図**　人口や生産量などの絶対量は，単位となる地域が大きくなるほど多くなる性質をもった数量である。階級区分図では，数量の多さはすでに模様や色彩に反映されており，さらにその模様や色彩で対象地域を塗りつぶすと，面積の大きい地域が面積の小さい地域より誇張された印象を与える。そのため絶対量については，階級区分図を用いることは好ましくなく，図形表現図で表現するのがよい。一方，相対量は，単位となる地域の面積に左右されないので，階級区分図の利用が適している。

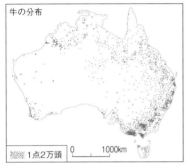

▲ドットマップ（点描図）

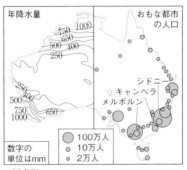

▲等値線図（左）　▲図形表現図（右）
円，球や長方形の面積で量を表現する。

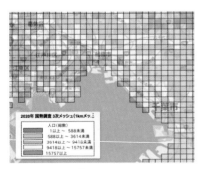

▲メッシュマップ

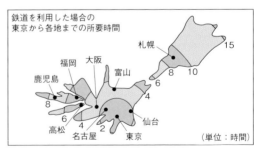

▲変形地図（カルトグラム）

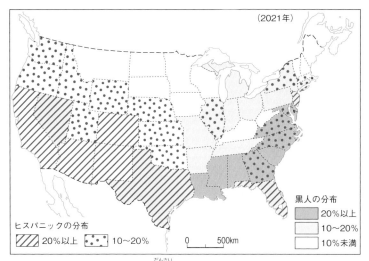

▲階級区分図（コロプレスマップ，段彩地図）

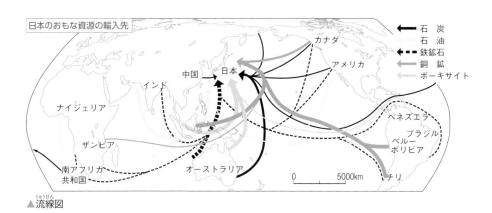

▲流線図

① 地図は，表示内容によって一般図・主題図に区分される。

② デジタル地図が普及し，日常生活での利用が拡大している。

③ さまざまな統計地図は，**数値の特性に応じて使い分ける。**

　┌ **絶対量**→ドットマップ，図形表現図など

　　　　　　　空間上を数値が連続的に変化する事象→等値線図

　　　　　　　空間上を移動する事象→流線図

　└ **相対量**→階級区分図など

SECTION 3　地形図・地理院地図とその利用

▶ 日本の国土の様子を網羅的に表現している地形図からは，地表の事物に関するさまざまな情報を読み取ることができる。近年は地理院地図がWeb上で公開されており，さらに利用の幅が広がっている。

1 | 地形図

1 地形図とは

❶地形図の概要　地形，植生，道路，土地利用，地名など，地表面のさまざまな事象の分布を，規定された図式に則って示す一般図。国土交通省国土地理院が作成。1万分の1，2万5千分の1，5万分の1の3種類の縮尺で作成。**2万5千分の1地形図のみが実測図**で，他は2万5千分の1地形図をもとに作成した編集図。

> 補説　**地形図1枚（1図幅）の範囲**　5万分の1地形図では，経度差約15分（1度の4分の1），緯度差10分（1度の6分の1）の範囲，2万5千分の1地形図では，経度差約7.5分，緯度差5分の範囲が描かれている。したがって，1枚の5万分の1地形図には，2万5千分の1地形図で4枚分の範囲が描かれている。ただし，図式改正により，2003年以降に発行された2万5千分の1地形図では，図郭が約42cm×51cmに統一されて，それまでの緯度に応じた大きさの違いがなくなり，隣接図との重複部分も設けられている。

❷地形図の図法　地形図のように狭い範囲を表現する場合，どの図法を用いても大きな歪みは生じない。1960年頃までは多面体図法により作成されていたが，現在はユニバーサル横メルカトル図法が用いられている。

> 補説　**多面体図法**　地球の表面を多数の平面の集まり（多面体）と考えて，その1面に投影する。1枚の地形図は等脚台形となる。となりの地形図と1つの辺で貼り合わせていくと，すき間ができる。平面上でつないでいくことはできず，4枚の地形図をつなげば，まん中が盛り上がってしまう。

> 補説　**ユニバーサル横メルカトル図法**　国際横メルカトル図法，ＵＴＭ図法ともいう。地球の直径よりやや小さい直径の円筒を横向きにして，地表面にくいこんだ状態にし，緯度80度以下の地域を投影する。経度6度の範囲では同じ円筒に投影するので，すき間なく貼り合わせることができる。1枚の地形図は，不等辺四辺形となる。

★1　2万5千分の1地形図と比べて表現内容は若干省略されている。また，2008年度から更新されておらず，最新状態と異なっていることがあり，注意が必要。

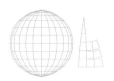

▲多面体図法の原理

▲ユニバーサル横メルカトル図法

投影面

経度6度

2 地図記号とその変化

❶地図記号　地形的な特徴や土地利用，建物・施設などを図案化したもの。時代の変化にともなって図式の変更や地図記号の追加・廃止が行われてきた。また，2万5千分の1地形図と5万分の1地形図で異なる記号もあるので，読図の際には凡例を確認するとよい。

❷地形図の変化と地図記号　従来の国土基本図に代わって2009年以降に電子国土基本図の整備が進み，2万5千分の1地形図も平成14年図式（3色刷り）から平成25年図式（多色刷り）へ更新されてきた。山地地形に陰影が加わったほか，建物を省略せずに1つひとつを描き，高速道路（緑色）・国道（赤色）・都道府県道（黄色）を色分けするようになった。また，植生界，樹木に囲まれた居住地，桑畑，工場の地図記号などが廃止され，2019年には自然災害伝承碑が追加された。

2 | 地形図の読図

1 土地の標高や起伏の読み取り

❶基準点　水準点（⊡）は，土地の高度を測定する水準測量の基準点で，主要道路沿いの約2kmごとに設置されている。三角点（△）は，地点の位置を測定する三角測量の基準点で，見通しの良い地点に設置されている。1990年代以降は，電子基準点（⛉）も設置されている。他に標高点（・）も描かれており，いずれの基準点にも標高が数字で示されている。

❷等高線　同一高度を結んだ閉曲線。等高線は土地を水平に切断した切り口にあたり，他の等高線とは交わらない。ただし，等高線から確認できないような小さな起伏（微地形）は，土地利用や植生を手がかりにして標高を推測する。

★2 国土地理院が日本の平野部を中心に整備してきた大縮尺の基図。都市部は2,500分の1，農村部は5,000分の1の縮尺で，事物が詳しく描かれている。

★3 平成14年図式までは，集まった建物をまとめて示す総描が用いられていた。

★4 工場名や企業名が記載されている場合もある。

★1 土地の測量や地殻変動の監視を行うために，GNSS衛星（⟳p.44）からの電波を常時観測する施設。全国約1,300か所に設置されている。

★2 地図を作成する際に，現地測量や写真測量を行った地点。

★3 三角点は，見通しのよい建物の屋上などに設置されていることがある。その場合は地面の標高よりも高くなるので注意する。

◀等高線の種類
計曲線と主曲線は，崖やくぼ地などの変地形を除き，省略されない。補助曲線は傾斜の緩やかなところに随時描かれるので，急傾斜では省略される。

縮図 等高線	5万分の1	2万5千分の1	1万分の1 山地	1万分の1 平地, 丘陵	記号
計曲線	100mごと	50mごと	20mごと	10mごと	———
主曲線	20mごと	10mごと	4mごと	2mごと	———
補助曲線	10mごと	5mごと 2.5mごと	2mごと	1mごと	－ － －
補助曲線	5mごと				－ － － －

❸傾斜　等高線の間隔が密になっ
ている場所は勾配が急で，間
隔が広い場所は勾配が緩やか。

❹尾根と谷　両側よりも高い土
地に当たる尾根では，等高線
が標高の高い場所から低い方
に向かって突き出すように分布する。両側より低い土地にあ
たる谷では，等高線が標高の高い方に向かって突き出すよう
に分布する。尾根線は分水界，谷線は水系と一致する。

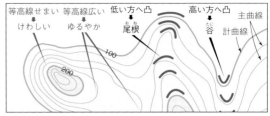

▲等高線とその読み方

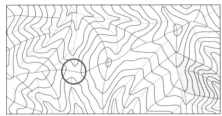

◀尾根線（赤）と谷線（青）
尾根は周囲より高いので，分水界（分水嶺）となる。
谷は周囲より低いので川が流れることが多い。○
で示した尾根線の鞍部を，峠という。なお，川に
水が集まってくる範囲を集水域とよぶ。

←この川の集水域は，
尾根と尾根の間で，
　□の地域である。

2 土地利用や開発状況の読み取り

❶地形と土地利用　河川や湖沼などの水面が存在する場所が
低所。また一般に，田が分布する土地が低所，畑や果樹園が
分布する場所や集落の家屋が立地する場所が高燥地である。

❷施設の地図記号　建物や各種の施設と道路・鉄道との位置
関係に注意する。公共施設が集まっている地区が，その地域
の中心地と考えられる。

❸地名と地域の特徴　集落名などから，地域の開発の歴史を
推察できることがある。「条」「里」の付く地名は，古代の土
地制度，「新田」の付く地名は近世の開拓地と関係する可能
性がある。また，「大手前」「鉄砲町」や職業にちなんだ「材
木町」などの地名は城下町に多い。

❹新旧の地形図比較　地形図は作成された時点の地理情報が
記録・保存されているので，新旧を比較することによって地
域の変化を読み取れる。かつての地形図から情報を読み取る
ためには，現在は廃止されている地図記号について知ってお
くことも重要。例えば，昭和40年図式になるまで，田は乾
田（Ⅱ），水田（⊔），沼田（⊔）に分けて描かれ，畑は無記号で
空白部として示されていた。

★4 周囲より高く，
水はけの良い土地。
等高線の判読が困難
な微地形は，土地利
用から推測するとよ
い。

★5 碁盤目状に土
地を区画し，土地の
位置を表示する制度
を条里制とよぶ。

★6 近世の開拓地
に成立した集落を新
田集落とよぶ。

★7 乾田は稲刈り
後に水が抜けて乾燥
した田，水田は冬季
にも水を張っている
田，沼田はさらに泥
の深い田を指す。こ
うした区別は，戦前
に陸軍の陸地測量部
が地形図を作成して
いた名残で，部隊の
通行に必要な情報で
あった。

\ TOPICS /

おもな地図記号

2
地図の役割

(1)基準点・境界等

⚐11.4 電子基準点	—·—·—·—·— 都府県界
△52.6 三角点	—··—··—··— 北海道総合振興局・振興局界
⊡21.7 水準点	—···—···— 市区町村界
·125 標高点	— — — — — 所属界
−125 水面標高	············· 特定地区界

(2)地形等

土がけ		噴火口・噴気口
岩がけ		滝
岩		かれ川
雨裂		干潟
おう地 (小)(大)		隠顕岩

(3)交通施設等

═══════ 4車線以上	単線　駅　複線	JR線
═══════ 2車線 (幅員13m以上)	側線	
═══════ 2車線 (幅員13m未満)	単線　駅　複線	JR線以外
─────── 1車線道路	············ 地下式鉄道	
─────── 軽車道	═══════ 路面の鉄道	
------- 徒歩道	リフト等	
═══════ 高速道路	}盛土部	
国道(番号)		
都道府県道	}切取部	
有料道路		
======== 庭園路	道路橋・高架	
▭▭▭▭▭ 石段	鉄道橋・高架	

(4)建物・施設等

普通建物	◎ 市役所	◇ 税務署
堅ろう建物	○ 町村役場	Y 消防署
高層建物	官公署	⊞ 病院
無壁舎(温室等)	裁判所	⊕ 保健所

⊗ 警察署		煙突
X 交番		電波塔
⊖ 郵便局		灯台
文 小・中学校		風車
⊗ 高等学校		港湾
博物館・美術館		漁港
図書館		ダム
老人ホーム		水門
⊞ 神社		せき
卍 寺院		
高塔		
記念碑		
自然災害伝承碑		
城跡		
史跡・名勝・天然記念物		
墓地		
発電所等		
採鉱地		
温泉・鉱泉		
油井・ガス井		
坑口		

(5)土地利用・植生等

田	
畑	
果樹園	
茶畑	
荒地	
広葉樹林	
針葉樹林	
竹林	
ヤシ科樹林	
笹地	
ハイマツ地	

(6)平成25年図式・地理院地図で廃止

(小) (大)}建物密集地	
中高層建築街	

樹木に囲まれた居住地	☆ 工場	自衛隊	✳ 森林管理署	Y 桑畑

３｜地理院地図とその活用

１ 地理院地図とは

　電子国土基本図[★1]をWeb上で発信するデジタル地図で，紙の地図のような境目がなく（シームレス），ズームレベルを変えて自由に地図を拡大・縮小できる。インターネットに接続できるパソコン，スマートフォン，タブレットなどで，いつでもどこでも利用できる。ベースマップに各種の主題図を重ねて表示したり，作図・編集を行ったりすることができる。

★1 国土地理院がとらえた日本の国土の様子を描いており，高速道路の開通など，地表の様子が変化した際にも，迅速に地図が更新される。

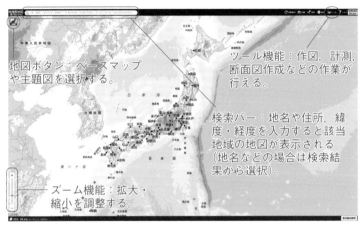

地図ボタン：ベースマップや主題図を選択する。

ツール機能：作図，計測，断面図作成などの作業が行える。

検索バー：地名や住所，緯度・経度を入力すると該当地域の地図が表示される（地名などの場合は検索結果から選択）。

ズーム機能：拡大・縮小を調整する。

▲地理院地図の初期画面

２ 地図ボタン

　ベースマップを切り替える。

❶標準地図　電子地形図と同様の色合いの一般図[★2]。ズームレベルは18まであるが，ズームレベル15〜17が従来の地形図の表示内容にあたる。

★2 従来の地形図は範囲や大きさが固定されていたが，電子地形図は利用者が範囲・大きさ・内容を用途に応じて選んで，インターネットで購入できる。

▲標準地図（大阪市）　道路，鉄道，建物の分布や地名など，さまざまな地理情報が網羅的に示されている。拡大すればより詳細な情報が得られる。

❷淡色地図　淡い色で表示しているので，地図上に情報を追
加する場合などに見やすい。

❸白地図　行政界・海岸線と都道府県名・市区町村名だけを
表示した地図。

❹English　地名などを英語で表示した地図。

❺写真　ズームレベルに応じて最新の空中写真と衛星画像を
表示。

3 地図の種類

ベースマップ以外にも，さまざまな主題図が表示できる。

❶年代別の写真　以前の空中写真を表示。★3

▲年代別の写真（1961〜69年，大阪市）　大阪駅の北側にかつて存在した貨物駅や，
現在は埋め立てられてしまった水路などが読み取れる。

★3　対象地域により表示できる時代が異なる。「時系列表示」で確認できる。

❷標高・土地の凹凸　色別標高図や陰影起伏図★4★5，傾斜量図★6な
どを表示。

標高・色分け
（凡例拡大）

▲自分で作る色別標高図（大阪市）　地盤沈下により標高がゼロメートル以下の土
地が広がっていることや，大阪城の南西に台地が分布する様子が読み取れる。

★4　「自分で作る色別標高図」では，最小0.5m単位で標高の分布を表示でき，自然堤防などの微地形も読み取れる。

★5　陰影の付いた白黒の地図で，地表の凹凸がよくわかる。

★6　白いほど地表面の傾斜が緩やか，黒いほど急であることを示す。

◀陰影起伏図（神戸市）　土地の起伏を感覚的にとらえやすい。北部や西部に分布する山地に対し，海浜部の低地や埋立地の平坦な様子が読み取れる。

2
地図の役割

❸土地の成り立ち・土地利用　活断層図，火山基本図，地形
　分類,　地質図,　土地利用図などを表示。

★7 身の回りの土
地(地形)の成り立ち
と自然災害のリスク
を示す。土地条件図,
治水地形分類図など
の地形分類データを
統合して，2016年
より公開されている。

▲活断層図(神戸市)　北東—南西方向にのびる縦ずれの活断層(赤い線)
　が，山地と平野の境界になっている様子が読み取れる。

❹基準点・地磁気・地殻変動　全国の基準点の位置や地殻変
　動等の観測を強化している地域などを表示。

❺災害伝承・避難場所　指定緊急避難場所(🏃)や自然災害伝
　承碑(🪦 ⇨p.37)の位置を表示。

▲淡色地図＋自然災害伝承碑(神戸市)　阪神・淡路大震災と阪神大水害
　に関する自然災害伝承碑が数多く分布している。アイコンをクリック
　すると災害の内容が確認できる。

❻近年の災害　近年の地震，台風・豪雨等，火山がもたらし
　た災害の発生地や写真，解析結果などを表示。

❼その他　地理教育に役立つ情報のほか，土地被覆・樹木被
　覆率，活火山の分布や人口集中地区など他機関の地理情報を
　表示。

★8 特徴的な地形
や災害発生地の分布
図と，国土地理院の
関連サイトをリンク
させている。

4 ツール機能

❶**作図・ファイル**　地図中に点・線・面を追加して示す。地理情報はGISデータとして保存・読み込みができる。

❷**計測**　指定した地点間の距離や選択した範囲の面積を示す。

❸**断面図**　地図上でクリック(タップ)して指定した地点間の経路の地形断面図を表示する。

❹**比較**　2枚の地図(各種のベースマップや主題図)を同一画面で横に並べたり、重ねたりして表示する。

❺**3D**　一定の範囲の起伏(きふく)を3次元の鳥瞰図(ちょうかんず)で表示する。

❻**Globe**　地図を立体的な地球の画像上に表示する。

❼**その他**　指定された地点からの方位線や等距離圏を示したり、外部タイル[9]を読み込んだりできる。

★9 国土地理院以外のサイトで公表されている地図タイル。地図タイルとは、メルカトル図法で作成された世界地図を、正方形に分割することを繰り返してできる地図画像のこと。

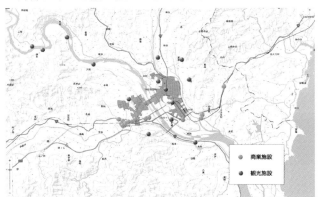

▲標準地図＋人口集中地区に点(アイコン)を追加(高知県)

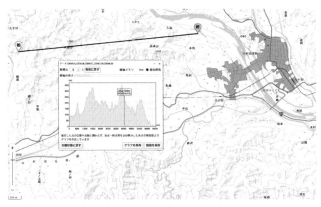

▲標準地図＋人口集中地区で断面図を作成(高知県)

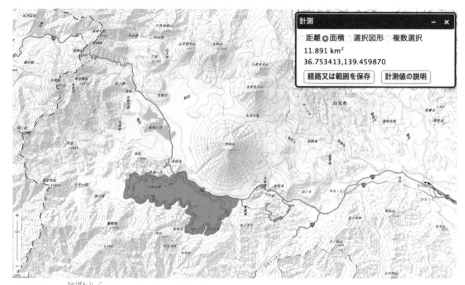

▲標準地図で中禅寺湖(紫色の範囲)の面積を計測(栃木県)

▲陰影起伏図で作成した男体山と中禅寺湖付近の３Ｄ図(栃木県)

① 地形図は，さまざまな事象を網羅した一般図。3種類の縮尺がある。
② 地理院地図は，地形図と各種の主題図を統合したデジタル地図。
③ 地形図・地理院地図の読図
┌基準点，等高線→地形や土地の起伏が読み取れる。
└地図記号，地名など→土地の利用や開発の状況が読み取れる。

SECTION 4 地理情報システム(GIS)の活用

▶ 現実の世界を，さまざまな構成要素に分解し，それぞれを位置情報と紐づけることで地理情報として扱える。各種の地理情報を，目的や用途にあわせて再統合させることができる地理情報システムは，現実世界を把握し，分析するために有効なツールである。

2　地図の役割

1 地理情報システム(GIS)

1 地理情報システム(GIS : Geographic Information System)とは

記録・管理されたさまざまな地理空間情報[*1]を，地図に表示し，分析や判断を可能にする技術。地理情報は主題(顧客，鉄道・道路，標高など)ごとにまとめられ，層(レイヤ)として扱われる[*2]。現実の世界で複雑に絡み合って存在するさまざまな地理情報を分類し，抽象化・簡略化したデータとして処理することで，

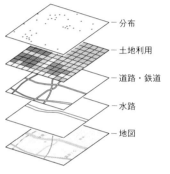
分布
土地利用
道路・鉄道
水路
地図

▲レイヤのオーバーレイ(重ね合わせ)

GIS上で可視化し，自由に重ね合わせたり，解析したりできる。そこから地理的な関係性や傾向を読み取ったり，最適解を導き出したりして，**合理的な意思決定や課題解決に役立てる**ことができる。

★1 単に地理情報ともいう。位置や形状に関する空間情報と付随する属性情報(名称，統計データ，説明など)で構成される。

★2 日本では，地理空間情報活用推進基本法(2007年施行)でGISの活用が謳われている。

2 地理情報のタイプ

❶ベクタ型のデータ　座標と属性情報[*3]をもつさまざまな事物を，点(ポイント)，線(ライン)，面(ポリゴン)で表現。明確な境界をもつ事物の表現に適している[*4]。

★3 一般に経度と緯度。

★4 気温や降水量など，境界が不明瞭な事物の表示には適さない。

(X, Y)

▲点データ
(顧客の分布)

(X, Y)
(X, Y)

▲線データ
(道路・鉄道)

(X, Y)
(X, Y)
(X, Y)

▲面データ
(行政区分)

補説　シェープファイル　シェープファイルは，GISのデータ形式の1つで，位置・形状と属性情報をもつベクタ型データ（点，線，面）を記録できる。シェープファイルは複数のファイルで構成されるが，次の3つのファイルは必須で，1つでも欠けるとGISソフトでシェープファイルと認識することができない。
・必須の構成ファイル（ファイルの拡張子とその概要）
.shp…事物（図形）の座標を記録。
.dbf…事物（図形）の属性情報を記録。
.shx….shpの座標と.dbfの属性情報の対応関係を記録。

❷ラスタ型のデータ　格子状に並んだセル（ピクセル）によって構成されるデータ。土地利用などの主題図を表示したり，標高や気温など連続的に変化する地理情報に適している。

★5 デジタルカメラで撮影した写真などと同様に画像ファイル（TIFF，BMPなど）で保存される。

★6 ラスタ型データで表現できる最小単位はセルの大きさとなる。そのため拡大すると画像はギザギザになり，市町村界のように明瞭な境界をもつデータの表示には適さない。

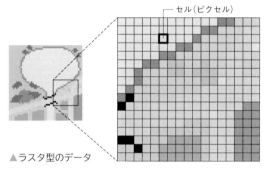

セル（ピクセル）

▲ラスタ型のデータ

❸3D GISデータ　X軸，Y軸にZ軸（高さ）を加えた3次元の地理的な座標値を持つデータ。地理情報を立体的に表現することが可能で，視覚的な効果が期待できる。

3　GISに関わる技術

❶GNSS（全球測位衛星システム）　人工衛星からの電波を利用して地球上の位置を測定するシステムで，緯度・経度などの位置情報が不可欠なGISを支える技術。アメリカ合衆国が整備したGPS，EUのGalileo，ロシアのGLONASSなどが代表例。GNSSで現在地を特定するには，4機以上の人工衛星からの電波を受信する必要がある。日本も準天頂衛星システムみちびきを運用している。

★7 Global Positioning Systemの略。

★8 日本のほぼ真上を通る軌道をもつ人工衛星で，2018年から運用されている。他のGNSS衛星が山地や高層ビルにさえぎられているときにも電波が届くため，測位しやすくなる。

❷リモートセンシング（遠隔探査）　人工衛星や航空機を利用して，地表面や大気中の現象を観測・探査する技術。気象衛星を利用した天気予報のほかに，標高，土地利用，植生，海水温，温室効果ガスの分布など観測内容は多岐にわたり，GISを活用してさまざまな地図が作成されている。

4 GISの活用

❶**個人の利用**　道路や施設などの地図データと現在地情報を統合させるカーナビゲーションシステム(カーナビ)★9やスマートフォンの地図アプリは最も身近な活用例といえる。

❷**私企業の利用**　国勢(こくせい)調査や経済センサスなどの統計情報，企業が保有する顧客情報，POSシステムによる販売情報などを統合させることができる。そうして商圏(しょうけん)分析★10やエリア・マーケティング★11を行い，適正な店舗配置や販売計画などに役立てている。人々の日々の生活で生成されるビッグデータ★12は，地図上に可視化されるようになり，ビジネスでの利用が拡大している。

❸**公益企業や自治体の利用**　電気・ガス・上下水道・通信★13などのライフラインや道路，公共施設の整備・管理，都市計画の策定などに利用されている。また，GISを活用したハザードマップ(防災地図)の作成も各地ですすんでいる。

補説 **ハザードマップ**　地震，火山活動，洪水，高潮(たかしお)，津波，土砂災害など各種の自然災害による被害を予測し，危険箇所を表現した地図。災害時の避難経路や避難所などを示したものも多い。全国の市町村が作成したハザードマップを地図や災害種別から検索できる「わがまちハザードマップ」や，関係機関が作成した防災情報をまとめて閲覧できる「重ねるハザードマップ」が，国土地理院(こくどちりいん)のハザードマップポータルサイトで公開されている。

★9　自分の現在地と目的地との間のルートが検索できるほか，所要時間や有料道路の料金，リアルタイムの渋滞(じゅうたい)状況などを知ることができる。

★10　ある商業施設の勢力範囲の分析を行う。

★11　消費者の意識や生活習慣を把握(はあく)し，地域の特性に対応した販売促進のしくみをつくること。

★12　全体を把握することが困難な膨大(ぼうだい)なデータ群をいう。

★13　東京ガスでは1984年以降，ガスの配管や利用者の情報を地図と結合させた施設管理システムを導入し，ガス漏れなどの事故に迅速(じんそく)に対応できる態勢を整えてきた。

▲「重ねるハザードマップ」に表示された高潮による浸水想定区域

2 | さまざまなGISソフトとその活用

1 地理院地図

❶概要　ベースマップにさまざまな主題図を重ねて閲覧できる地理院地図は，最も簡便なWeb GISである。ツール機能で商店の分布図を作成するなど，新規レイヤも追加できる。

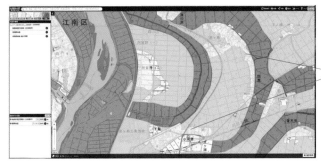

集落の分布と自然堤防の微高地が重なっている様子が確認できる。

▲標準地図と土地条件を重ね合わせている。

❷地理院地図Vector　2019年7月からベクタ型データで地図データの試験公開が開始された。利用者は**必要な地理情報が記載されたレイヤを選択して表示したり，表示内容の色や太さを変更できる**など，自由に地図をデザインできる。

★1 2020年3月に公開対象地域が全国に拡大した。

急斜面を避けるように鉄道や国道が敷設されている様子が読み取りやすい。

▲表示内容を等高線と国道・鉄道などに限定している。

2 MANDARA ★2
マンダラ

❶概要　表計算ソフト(Excel)に入力された統計数値から統計
地図を作成することができる。

★2 地理学者の谷謙
二氏が開発したGIS
ソフトで,無償でダ
ウンロードできる。

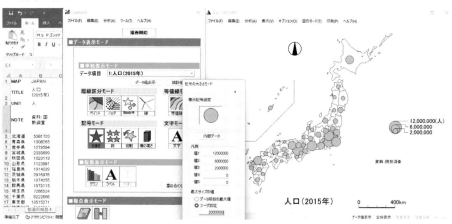

▲表計算ソフト(Excel)に入力した都道府県別の人口データ(左図)をコピーした上で,MANDARAの起動
画面で「クリップボードのデータを読み込む」を選択すると設定画面が現れる。ここで統計地図の種類
の選択や凡例値の調整などが行えるが,都道府県別人口を表現する場合には絶対分布図である図形表現
図(「記号モード」と表現されている)を選び,「描画開始」をクリックする(右図)。

❷国土数値情報の活用　MANDARAでは,国土数値情報の
シェープファイルを読み込むこともできる。

★3 国土計画の策定
に役立てるために,
国土交通省が,地形,
土地利用,公共施設
などの基本情報を
GISデータとして整
備したもの。

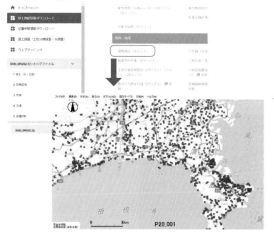

◀国土交通省ホームページからシェープフ
ァイルをダウンロードし,MANDARA
の起動画面で,「シェープファイル読み込
み」→「追加」とすすんでいく。

3 e-Stat（政府統計の総合窓口）
イースタット

国勢調査など，政府が実施している統計データをダウンロードできる。地図（統計GIS）ボタンをクリックすると，主要統計を地図化できる。

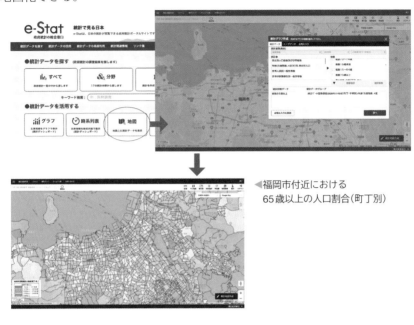

◀福岡市付近における
65歳以上の人口割合（町丁別）

4 RESAS（地域経済分析システム）
リーサス

産業構造，人口動態，人の流れなどに関する官民のビッグデータを集約し，可視化するシステムで，経済産業省と内閣官房が提供している。統計地図の作成やグラフ化などにより地域分析が行える。

▲RESASのトップページ画面

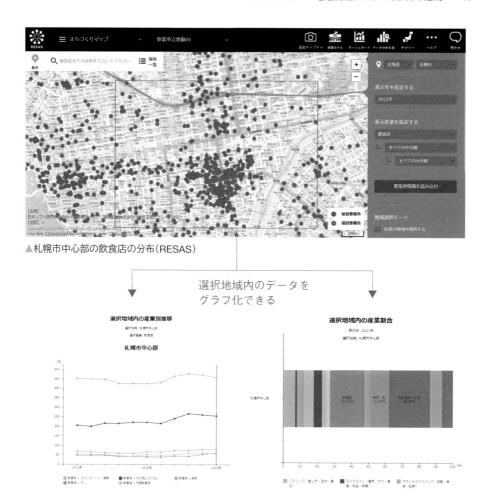

▲札幌市中心部の飲食店の分布(RESAS)

選択地域内のデータを
グラフ化できる

選択地域内の産業別推移

選択地域内の産業割合

POINT!

① GIS(地理情報システム)…必要な地理情報を選択し，地図化して分析できるしくみ。

② GNSS(全球測位衛星システム)などと連携して得られるさまざまな地理情報は，インターネットで公開されており，多方面で活用されている。

③ 無償で利用・入手できるGISソフトも多く，地域調査などに活用できる。

• CHAPTER

3 ≫現代の国家と結びつき

まとめ

① 現代世界の国家 ☞ p.51

☐ **国家の領域と国境**

- **領域**…領土，領海，領空からなる。排他的経済水域(EEZ)も設定されている。
- **国境**…山脈，河川などの**自然的国境**と経緯線などを利用した**人為的国境**がある。

☐ **日本の位置と領域**

- **日本列島**…ユーラシア大陸東部に形成された新期造山帯の弧状列島(島弧)で，地震や火山災害が多い。
- **沖ノ鳥島**…日本の南端。広大なEEZの重要な基点となっている。
- **日本がかかえる領土問題**…北方領土をめぐってロシアと，竹島をめぐって韓国と対立。尖閣諸島をめぐっても中国と緊張関係にある。

② 現代世界の結びつき ☞ p.55

☐ **国家間の結びつき**

- **国際連合(UN)**…193か国が加盟する世界最大の国際協調機関。
- **NATO**…冷戦期に結成された資本主義陣営の軍事的な同盟。1990年代以降に東ヨーロッパに拡大。
- **EU**…経済的な統合が進むヨーロッパの27か国が加盟する国際機関。
- **ASEAN**…東南アジア10か国が加盟する国際機関で，自由貿易圏を形成。
- **USMCA**…北アメリカ3か国が締結した自由貿易協定。NAFTAから移行。

☐ **貿易による結びつき**

- **WTO**…自由貿易を推進するために設置された常設の国際機関。
- **FTA・EPA**…特定の国家間で自由貿易を推進し，経済連携を深めるために締結された協定。2022年1月現在，日本は21の国や地域とEPAを締結。

☐ **交通・通信による結びつき**

- **船舶**…各種の専用船が国際的な貨物輸送の大部分を担う。
- **航空機**…国際的な旅客輸送や電子部品などの貨物輸送に利用されている。
- **通信**…インターネットの普及や海底ケーブルの整備にともない，国際的な情報流動が増大。情報通信技術(ICT)が発達した一方，デジタルデバイドも拡大。

☐ **観光による結びつき**

- **国際観光客**…欧米諸国のほか，経済成長した東・東南アジアで急激に増加。

SECTION 1 現代世界の国家

▶ 現代世界には，領域や国民を統治する約200の国家が存在している。しかし国境や領域をめぐる国家間の対立もみられ，日本も領土問題をかかえている。

1 | 国家の領域と国境

1 国家の三要素

❶**主権**（しゅけん）　他国からの干渉（かんしょう）を受けずに，**領域と国民を統治する最高権力**のこと。主権をもつ独立国に対し，主権をもたない非独立地域には植民地（しょくみんち）★1，自治領（じちりょう）★2，租借地（そしゃくち）などがある。

❷**領域**　主権が及ぶ範囲のことで，領土・領海★3・領空★4からなる。公海との間に接続水域(CZ)や排他的経済水域(EEZ)★5を設定している国が多い。

❸**国民**（いみん）　その国の国籍（こくせき）★6をもつ人々のこと。国際化が進展した現代世界では，移民のほか，その国の国籍をもたない外国人労働者もふえている。

▲領域と排他的経済水域

[補説] **排他的経済水域と大陸棚**（たいりくだな）　大陸棚は，陸から続く傾斜（ゆる）の緩やかな海底を指し，外縁部の平均水深は約130mといわれる。「約200mまでの海底」という認識が広まったのは，各国が大陸棚に存在する資源の管轄権（かんかつ）を主張して大陸棚条約が採択された1958年頃に開発可能な深さが200m程度であったことに起因する。しかし1994年に発効した国連海洋法条約は，大陸棚を「沿岸国の200海里（はか）までの海底とその下」と改めて規定（じゅう）し，排他的経済水域との一致が図られた。地下資源や水産資源の需要が高まった近年は，地形的・地質的に陸とつながっていれば，「基線から350海里まで」または「2,500mの等深線（とうしんせん）から100海里まで」のいずれか遠い方までを，沿岸国に資源に対する主権的権利を認める延長大陸棚として扱うようになった。

★1 領有する本国（宗主国）（そうしゅこく）が直接統治する領域。

★2 内政権を有するが，外交権のない領域。

★3 主権のおよぶ陸地および陸地に囲まれた川や湖沼（しょう）。

★4 国連海洋法条約(1994年発効)では，基線(低潮線＝干潮時の海岸線)（ていちょうせん）から最大12海里までの範囲とされる。

★5 領海に近づく船舶に，出入国管理や衛生に関して，沿岸国の法令で一定の規制を行うことが認められた水域。

★6 個人が，特定の国家に所属していることを示す資格。原則として親の国籍を引き継ぐ血統主義（けっとう）(日本など)と，出生地の国籍を取得する生地主義（せいち）(アメリカ合衆国など)がある。

2 領域の境界

❶国境　国家の領域が接する境界。国境を越える際には，一般にパスポート(旅券)やビザ(査証)の審査を受ける必要があるが，シェンゲン協定を締結しているヨーロッパ諸国間のように原則として自由な往来が認められている例もある。反対に，経済水準の差が大きい国家間では，高い賃金を求める労働者の移動が活発なため，国境管理が厳格化され，不法入国を防ぐために壁やフェンスが設けられている箇所もある。

❷さまざまな国境

1　自然的国境　山脈，河川，湖沼，砂漠，海洋など自然の地形を利用して設定された国境。

2　人為的国境　緯線や経線を利用するなど，地図上で設定された直線的な数理的国境のほか，人工的な障壁で隔てられた国境もみられる。

★7 加盟国間の国境審査を廃止する協定で，1995年に発効。イギリス，アイルランド，ルーマニア，ブルガリアなどが不参加であるが，多くのEU諸国とスイス，ノルウェー，アイスランド，リヒテンシュタインの計27か国が加盟。

★8 一例として，アメリカ合衆国とメキシコとの国境には2006年以降，フェンスや壁が設置されてきた。

自然的国境と代表例

山脈国境	アルプス山脈(イタリア・スイス・フランス・オーストリア) ピレネー山脈(スペイン・フランス) スカンディナヴィア山脈(ノルウェー・スウェーデン) カフカス山脈(ロシア・ジョージア・アゼルバイジャン) ヒマラヤ山脈(インド・中国・ネパール・ブータン) アンデス山脈(チリ・アルゼンチン)	湖沼国境	レマン湖(フランス・スイス) カスピ海(ロシア・カザフスタン・イランなど) ヴィクトリア湖(ウガンダ・ケニア・タンザニア) 五大湖(アメリカ合衆国・カナダ) チチカカ湖(ペルー・ボリビア)

人為的国境と代表例

河川国境	ライン川(フランス・ドイツ・スイス) ドナウ川(ルーマニア・ブルガリアなど) オーデル川・ナイセ川(ドイツ・ポーランド) コンゴ川(コンゴ・コンゴ民主共和国) メコン川(タイ・ラオスなど) アムール川(中国・ロシア) リオグランデ川(アメリカ合衆国・メキシコ) セントローレンス川(アメリカ合衆国・カナダ) パラナ川(パラグアイ・アルゼンチンなど)	数理的国境	北緯22度(エジプト・スーダン) 東経25度(リビア・エジプト) 東経141度(インドネシア・パプアニューギニア) 北緯49度(アメリカ合衆国・カナダ) 西経141度(アメリカ合衆国アラスカ州・カナダ) ※アフリカ・西アジアにも直線的な国境が多い
		障壁国境	軍事境界線(韓国・北朝鮮) 管理ライン(インド・パキスタン) ※万里の長城，ハドリアヌスの長城(古代ローマ)も該当

補説　**カスピ海は海か？湖か？**　カスピ海は，日本では「世界最大の湖」と認識されているが，油田開発が進展したことをきっかけに，排他的経済水域を設定したいロシア，アゼルバイジャン，カザフスタン，トルクメニスタンが「海である」との主張を強めた。一方，沿岸に石油資源が存在しないイランは「湖である」と反対してきたが，2018年にアメリカ合衆国との対立を背景としてロシアなどとの関係を強化するために譲歩した。その結果，カスピ海は周辺5か国によって法的に「海」として位置づけられた。

2 | 日本の位置と領域

1 日本の国土

❶**位置**　日本は，ユーラシア大陸東方に形成された弧状列島（じょうれっとう）（島弧）に国土が広がる島嶼国である。領土面積は約38万km²で世界第61位であるが，**領海と排他的経済水域の合計**★1
面積（約447万km²）では世界第6位。★2

❷**自然環境**　新期造山帯（環太平洋造山帯）の一角を占める日本列島は，**山がちな地形で，地震や火山災害がたびたび発生**する。大部分が四季の明瞭な温帯に属するが，東岸性の気候が卓越し，寒暖の差が比較的大きい。★3

山地	丘陵地	台地	低地
61.0%	11.8	11.0	13.8

内水域等 2.4

（「日本国勢図会」による）

▲日本の地形別面積割合

❸**領域の変化**　第二次世界大戦後，一部の島嶼がアメリカ軍によって統治されたが，本土復帰運動を経て，**1953年に奄美群島，1968年に小笠原諸島，1972年に沖縄県が日本に返還された。**しかし，今なお在日アメリカ軍専用施設・区域の約70%が沖縄県に集中している。

❹**領域の範囲**　北端の択捉島と南端の沖ノ鳥島の緯度差は約25度に達する。東端の南鳥島と西端の与那国島の経度差は約30度で，日の出や日の入りの時刻がおよそ2時間も違う。沖ノ鳥島は小さな無人島であるが，約40万km²に及ぶEEZの基点となるため，保全工事が実施されている。

▲日本の領域

★1　領土面積が世界第1位の国家はロシア（約1,710万km²）で日本の約45倍。2位以下は，カナダ（日本の25倍），アメリカ合衆国（同26倍），中国（同25倍），ブラジル（同22倍），オーストラリア（同20倍）と続く。

★2　領海と排他的経済水域を合わせた面積が世界第1位の国家はアメリカ合衆国（約762万km²）で日本の約1.7倍。2位以下は，オーストラリア，インドネシア，ニュージーランド，カナダと続く。

★3　中緯度～高緯度の大陸西岸では，暖流と偏西風の影響で冬季でも比較的温暖で気温の年較差が小さい。一方，ユーラシア大陸東岸では，季節風（モンスーン）が卓越し，西岸よりも気温の年較差が大きい。

3

現代の国家と結びつき

2 日本がかかえる領土問題

❶北方領土　北海道の北東に位置する千島列島をめぐっては，1855年に締結された日露和親条約で国境が画定し，択捉島，国後島，色丹島，歯舞群島が日本固有の領土となった。しかし，1945年のポツダム宣言の受諾後にソ連の侵攻を受け，現在も**ロシアが不法占拠を続けている**。

★4　第二次世界大戦末期，日本に対して降伏を勧告した連合国による共同宣言。

❷竹島　江戸時代から日本人が出入りしていた日本海の島嶼で，1905年に日本政府が正式に領有を宣言し，島根県に編入。しかし，1952年以降，日本海に李承晩ラインを設定した**韓国が不法占拠を続けている**。

★5　朝鮮半島周辺の広大な水域の主権を主張するために李承晩大統領が設定。1965年に日韓漁業協定が締結され廃止された。

❸尖閣諸島　1895年に日本政府が沖縄県に編入した東シナ海の島嶼で，かつてはかつおぶし製造などに従事する島民が暮らしていた。**1968年に周辺海域で石油資源が確認されて以降，中国と台湾が領有権を主張するようになった**。政府は，領有権問題が存在しない固有の領土と認識しつつ，2012年に国有地化して監視を強化している。

▼世界のおもな国境・領土問題

カシミール地方（インド・パキスタン・中国）
ジブラルタル（イギリス・スペイン）
マクマホンライン（中国・インド）
西サハラ（モロッコ）
南沙（スプラトリー）群島（フィリピン・マレーシア・ブルネイ・ベトナム・中国・台湾）
パレスチナ（イスラエル）
ガイアナ西部（ガイアナ・ベネズエラ）
南極大陸（イギリス・フランス・ノルウェー・アルゼンチン・チリ・オーストラリア・ニュージーランド）
フォークランド諸島（イギリス・アルゼンチン）

POINT!

- ・「主権」「領域」「国民」を国家の三要素とよぶ。
- ・「領域」は，領土・領海・領空からなるが，領海の外側に基線から最大200海里の排他的経済水域が認められている。
- ・領域が接する国境には，**自然的国境**と**人為的国境**がある。
- ・日本の面積は約38万km²であるが，広範囲に島嶼が広がるため，領海と排他的経済水域を合わせた面積では世界第6位である。
- ・現在，北方領土と竹島をめぐる領土問題をかかえており，尖閣諸島についても中国などと緊張関係にある。

2 現代世界の結びつき

▶ 現代世界では，さまざまな目的で結びついた国家群がいくつも組織されており，特に国際分業が進展する中で地域的な経済圏が各地で形成されている。交通や通信の発達にともなって，人・物・情報の国際的な移動が活発化している。

1 国家間の結びつき

1 国際連合(UN)

❶概要　第二次世界大戦の惨害を終わらせるために起草された国際連合憲章の批准国が所定数に達し，1945年10月24日に発足。[★1] ①国際平和と安全の維持，②諸国間の友好関係の促進，③経済的，社会的，文化的，人道的な国際問題の解決をおもな目的とする。総会，安全保障理事会などの主要機関[★2]と多数の委員会・補助機関をかかえ，WHO(世界保健機関)
World Health Organization
やIMF(国際通貨基金)などの独立した専門機関とも連携。
International Monetary Fund
本部はニューヨーク。

❷加盟国　原加盟国は51か国。[★3] 日本は1956年に80番目の加盟国となった。2021年末現在の加盟国数は193か国。[★4]

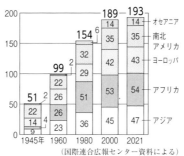

▲国際連合の加盟国数の推移
(国際連合広報センター資料による)

2 政治的・軍事的な結びつき

❶冷戦下の集団安全保障体制　第二次世界大戦後，アメリカ合衆国や西ヨーロッパ諸国などの資本主義陣営(西側諸国)とソ連や東ヨーロッパ諸国などの社会主義陣営(東側諸国)が対立する冷戦が深刻化した。両陣営では集団安全保障を実現するため，北大西洋条約機構(NATO)とワルシャワ条約機構
North Atlantic Treaty Organization　　　　Warsaw Treaty Organization
(WTO)を編成した。[★6] 両陣営の直接的な武力紛争は起きなかったが，それぞれが支援する国家や民族による代理戦争が勃発した。[★7]

★1 毎年10月24日は「国連デー」として，各国で各種行事が催される。

★2 国際平和と安全の維持に主要な責任を負う機関。5常任理事国(アメリカ合衆国，イギリス，中国，フランス，ロシア)と10非常任理事国で構成。

★3 サンフランシスコで開催された「国際機関に関する連合国会議」で国連憲章に署名した50か国とポーランド。

★4 日本が国家承認しているバチカン，コソボ，ニウエ，クック諸島は未加盟。

★5 関係各国が相互に不可侵を約束し，侵略国には集団で強制措置をとり，平和を維持しようとする考え方。

★6 世界貿易機関もWTOと略記されるので注意。

★7 朝鮮戦争(1950～53年)，ベトナム戦争(1965～75年)，アンゴラ内戦(1975～88年)，アフガン紛争(1979～89年)など。

❷NATO変質と東方拡大 冷戦の終結後，1991年のソ連解体とともにワルシャワ条約機構が解体されると，NATOは地域紛争への対応などに役割を変化させた。**1999年にポーランド，チェコ，ハンガリーが加盟して以降**，東ヨーロッパへ拡大し，2023年4月現在，31か国で構成されている。

❸その他の国際協調組織

1. **OECD（経済協力開発機構）** 2021年末現在，先進国を中心に38か国が加盟。加盟国の経済成長や発展途上国への支援，世界貿易の拡大を目指す。
Organisation for Economic Co-operation and Development

2. **サミット（主要国首脳会議）** 石油危機後の1975年に初開催。翌年より，世界的な課題を協議するために先進7か国の首脳が集うG7となり，2008年以降は新興国などを加えたG20サミットも開催。

3. **CIS（独立国家共同体）** 旧ソ連の構成国が結成。政治・経済の緩やかな協力関係を維持。
Commonwealth of Independent States

※国境線は2022年現在。ただし，ドイツは1990年の統合前。

凡例:
□ NATO原加盟国
□ 1989年までのNATO加盟国
□ 1990年以降のNATO加盟国
□ WTO加盟国

▲北大西洋条約機構（NATO）とワルシャワ条約機構（WTO）の加盟国

3 経済的な結びつき

❶EU（ヨーロッパ連合） 第二次世界大戦後，西ヨーロッパの6か国は協力して産業の開発・振興を図るためECSC（ヨーロッパ石炭鉄鋼共同体）を結成し，続いてEEC（ヨーロッパ経済共同体），EURATOM（ヨーロッパ原子力共同体）も
European Economic Community
European Atomic Energy Community
発足。1967年にEC（ヨーロッパ共同体）に統合されて以降，
European Community
加盟国は12か国に増加した。さらに単一市場を創設するために1993年にマーストリヒト条約が発効し，EU（ヨーロッパ連合）が誕生した。経済的な統合に加え，政治的な統合も
European Union
目指したEUは，1999年から通貨統合も開始し，東ヨーロッパなどへ拡大した。本部はブリュッセル。**2020年にイギリスが離脱**したため，同年末現在の加盟国は27か国。

★8 コソボ紛争に際して，NATOは1999年3月にユーゴスラビア（セルビア）を空爆した。

★9 2022年に，スウェーデンとフィンランドがNATOへの加盟方針を表明。2023年4月にフィンランドが加盟した。

★10 開発援助委員会の参加国は政府開発援助（ODA）を実施。

★11 アメリカ合衆国，イギリス，イタリア，カナダ，ドイツ，日本，フランスおよびEUが参加。

★12 バルト三国を除く12か国。その後，トルクメニスタン，ジョージア，ウクライナが準加盟国化や脱退。

★13 フランス，ドイツ（西ドイツ），イタリア，オランダ，ベルギー，ルクセンブルク。

★14 1968年に域内関税を撤廃した。

★15 正式名称はヨーロッパ連合条約。

★16 共通通貨としてユーロが導入された。EU域内で非導入の国もある。

❷ASEAN（東南アジア諸国連合）　1967年にインドネシア，
Association of South-East Asian Nations
マレーシア，シンガポール，フィリピン，タイの5か国が結
成した地域協力組織。1990年代末に加盟国が10か国に拡
大し，2018年に域内関税が全廃された。

❸USMCA（アメリカ・メキシコ・カナダ協定）　アメリカ合衆
United States-Mexico-Canada Agreement
国・カナダ間の自由貿易協定（ ⤷p.58）にメキシコが加わり，
1994年にNAFTA（北アメリカ自由貿易協定）が成立した。
2020年に原産地規則を強化した新協定USMCAに移行した。

❹MERCOSUR（南米南部共同市場）　ブラジル，アルゼンチン，
Mercado Común del Sur/Mercado Comun do Sul
ウルグアイ，パラグアイが1995年に結成した関税同盟。
2006年にベネズエラ，2012年にボリビアが参加し，チリ，
ペルー，コロンビア，エクアドル，ガイアナ，スリナムは準
加盟国。

❺AU（アフリカ連合）　アフリカ諸国の連帯を目的としたアフ
African Union
リカ統一機構（OAU）が，2002年に改組して成立。アフリ
カの全ての独立国と西サハラが加盟。EUをモデルとする社
会的・経済的統合を目指す。紛争の予防・解決の分野でも貢
献。

❻APEC（アジア太平洋経済協力）　オーストラリアが提唱して，
Asia-Pacific Economic Cooperation
1989年に初会合が開催された。アジア太平洋地域の21か
国・地域が参加。貿易と投資の自由化による地域統合を目指
す。

❼RCEP（地域的な包括的経済連携）　日本，韓国，中国，オー
Regional Comprehensive Economic Partnership Agreement
ストラリア，ニュージーランドとASEAN諸国による経済連
携協定（ ⤷p.58）。2022年発効。

★17 ある産品の原産地を特定するためのルール。メキシコからアメリカ合衆国に完成車などを無関税で輸出できる条件として原産地規則が強化された。

★18 域内諸国間の貿易では関税を撤廃・削減し，域外諸国に対しては共通関税を課す。

★19 2016年に加盟資格を停止された。

★20 各国議会の批准待ちで，2021年末現在，議決権がない。

★21 かつての宗主国であったスペインが撤退して以降，モロッコが領有権を主張したため，2021年末現在も非独立地域。

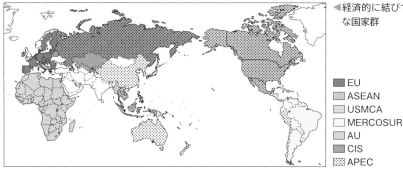

◀経済的に結びついたおもな国家群

- ■ EU
- ■ ASEAN
- ■ USMCA
- □ MERCOSUR
- ■ AU
- ■ CIS
- ▨ APEC

3
現代の国家と結びつき

2 ｜ 貿易による結びつき

1 貿易形態と産業構造

❶**国際分業**　各国がそれぞれの適性に合った**商品の生産に特化**し，**貿易を通じて交換**すること。日本は，原燃料や生産費の高い農産物の多くを輸入に頼っている。

❷**垂直貿易（南北貿易）**　先進国と発展途上国との貿易で，**先進国が工業製品，発展途上国が農林水産物や鉱産物などの一次産品をおもに輸出**する。先進国と発展途上国との経済格差（南北問題）を引き起こしやすい。

❸**水平貿易**　先進国間で，**工業製品を相互に輸出入しあう貿易**。近年，先進国と新興国の関係は工業製品を中心とする水平的な分業に移行している。

❹**サービス貿易**　商品の貿易に対し，外国のサービスを利用して対価を支払う貿易。金融，運輸，観光，建設，情報通信など多岐にわたる。

2 自由貿易の推進

❶**WTOの設置**　かつて宗主国・植民地間などにみられた保護貿易が世界大戦の一因になったという反省から，第二次世界大戦後は自由貿易を推進するために，関税と貿易に関する一般協定（GATT）が締結され，輸入制限の撤廃と関税の引き下げが図られてきた。さらに1995年には，常設機関として世界貿易機関（WTO）が設置された。

General Agreement on Tariffs and Trade
World Trade Organization

❷**FTA・EPAの締結**　多くの国が参加するGATTやWTOでは各国の利害が対立しやすいため，地域経済圏の形成（⊃p.56）に加え，特定の国どうしで関税の削減・撤廃や規制緩和に取り組む自由貿易協定（FTA）も結ばれてきた。さらに人的交流の拡大，投資に関するルールづくり，知的財産権の保護など，**より幅広い分野で経済的な関係を深めるために経済連携協定（EPA）を締結する動き**もみられる。

Free Trade Agreement
Economic Partnership Agreement

❸**TPP11の発効**　太平洋周辺における広域的な自由貿易圏の形成は2005年から始まった。**途中でアメリカ合衆国が離脱**したものの，日本をふくむ11か国の間で環太平洋パートナーシップ（TPP）協定が2018年より順次発効している。

Trans-Pacific Partnership Agreement

★1 輸出指向型などの工業が成長した発展途上国。結果として一次産品の輸出に依存する後発発展途上国との経済格差が拡大しており，南南問題とよばれる。

★2 「役務」ともいう。売買によって効用や満足などを提供する，形のない財のこと。

★3 輸出額はサービスに対する受取額，輸入額はサービスに対する支払額となる。

★4 国内産業を保護・育成するために，輸入品に高率の関税を課したり，数量を制限したりすること。宗主国と植民地で形成された経済圏以外からの輸入品が排除された。

★5 日本が締結しているEPAは2002年のシンガポールを皮切りに，2022年1月現在，21の国・地域との間で発効。

★6 シンガポール，ブルネイ，ニュージーランド，チリの4か国が署名した環太平洋戦略的経済連携協定が基盤。

★7 原協定の4か国と日本のほか，オーストラリア，カナダ，メキシコ，ペルー，マレーシア，ベトナム。2023年にイギリスが加盟。

─\ TOPICS /─

おもな国の貿易状況と経済的な特徴

(UNCTADSTATによる)

	商品貿易：輸出額（億ドル，2020年）				サービス貿易：輸出額（億ドル，2019年）			
		食料品(%)	原燃料(%)	工業製品(%)	その他(%)		輸送(%)	旅行(%)	その他(%)
中国	25,900	–	–	94	6	2,832	16	12	72
アメリカ合衆国	14,249	11	16	69	5	8,912	10	22	67
ドイツ	13,825	6	–	88	6	3,524	20	12	52
日本	6,413	–	–	92	8	2,095	13	22	66
アラブ首長国連邦	3,352	5	37	40	19	903	32	43	25
ロシア	3,334	8	58	27	7	628	34	17	48
スペイン	3,083	20	4	71	5	1,571	12	51	37
インド	2,764	13	15	65	7	2,148	10	14	76
オーストラリア	2,508	13	63	12	10	710	8	64	28
タイ	2,316	18	–	71	11	812	9	74	17
ブラジル	2,092	45	28	25	2	343	16	17	66
エジプト	266	18	24	46	12	251	34	52	14
ケニア	60	59	11	26	3	56	39	18	35

- 中国→「世界の工場」とよばれており，輸出額が世界最大。製品の受託生産や建設業での外貨受取額も多い。
- アメリカ合衆国→金融・保険業や知的財産権使用料などの受取額が多く，サービス貿易の輸出額が世界最大。
- ドイツ→ヨーロッパ経済の中枢に位置し，輸出拠点国となっている。
- 日本→加工貿易を基盤とした工業製品の輸出が中心。金融業，知的財産権使用料の受取額が比較的多い。
- アラブ首長国連邦→石油依存からの脱却を目指し，工業や観光業が成長。ドバイはハブ空港として機能する。
- ロシア→石油や天然ガスなど資源の輸出がさかん。シベリア鉄道は国際物流に活用される。
- スペイン→ヨーロッパにおける自動車の生産拠点の1つ。地中海沿岸のリゾートに多くの観光客が流入する。
- インド→コールセンター業務のほか，ソフトウェア開発などの成長がめざましい。
- オーストラリア→鉄鉱石や石炭など鉱物資源の輸出が中心。
- タイ→輸出指向型の工業のほか，観光業が成長している。
- ブラジル→大豆，肉類，鉄鉱石など一次産品の輸出が多いうえ，工業化も進展。
- エジプト→スエズ運河の通行料や観光消費額などがおもな外貨の獲得源。
- ケニア→茶を中心とした農産物の輸出が依然として重要。

3 │ 交通・通信による結びつき

1 おもな交通機関

❶鉄道　19世紀に実用化がすすみ，人やモノ(貨物)の移動を促進した。**船舶に次いで大量輸送が可能で，エネルギー効率に優れる**。短距離輸送だけでなく，陸続きであれば長距離の輸送も可能。

　1 **大陸横断鉄道**　1869年以降，北アメリカ大陸の両岸が複数の鉄道で結ばれた。東アジアとヨーロッパの貨物輸送にも利用されるシベリア鉄道やオーストラリア横断鉄道，アフリカのタンザン鉄道・ベンゲラ鉄道などが好例。

　2 **高速鉄道**　旅客の流動量が多い中距離の都市間では，高速鉄道の整備もみられる。日本の新幹線のほか，TGV(フランス)，ICE(ドイツ)，ユーロスター，KTX(韓国)，CRH(中国)など。アメリカ合衆国やインドでも高速鉄道計画がすすめられている。

❷自動車　20世紀に急速に普及し，現在は陸上交通の中心。1台あたりの輸送量が限られ，交通問題(渋滞の発生)や環境問題(大気汚染や地球温暖化)が懸念されるが，**利便性に優れる**。モータリゼーション(車社会化)がすすんだ先進国では，居住地や商業施設の郊外化が促された。

❸船舶　速度は遅いが，**安価で大量に輸送できるため，世界の貨物輸送の大部分を占める**。大陸では河川・湖沼・運河などの内陸水路の利用がさかんで，外国船が自由に航行できる国際河川も存在する。陸上輸送との積み替えを効率的に行うため，多様な専用船が就航している。

　1 **コンテナ船**　各種の商品を収納し，陸上輸送でも用いられる箱型容器(コンテナ)を運搬する。

　2 **タンカー**　原油などの液体を運ぶ。液化天然ガスの輸送にはLNG船が用いられる。

　3 **ばら積み船**　石炭などの鉱物や穀物を梱包せずにそのまま輸送する。バルクキャリアともよばれる。

　4 **自動車専用船**　完成車の輸送に用いられる。船内に，立体駐車場のような複数の車両甲板をもつ。

★1 シドニー・パース間をインディアン・パシフィック号が結ぶ。アデレード・ダーウィン間を縦断するザ・ガン号も運行している。

★2 タンザン鉄道はカッパーベルトからの銅をインド洋方面に，ベンゲラ鉄道は大西洋方面に輸送する。

★3 時速200km以上で走行する世界初の高速鉄道として，1964年に開業。現在,最高時速500kmのリニア中央新幹線の開業を目指している。

★4 英仏海峡トンネルを経由してパリ・ロンドン間を約2時間15分で結ぶ。

★5 代表例は北アメリカのウェランド運河やヨーロッパのマイン=ドナウ運河など。地中海と紅海を結ぶスエズ運河や太平洋とカリブ海を結ぶパナマ運河は重要な国際航路になっている。

★6 ヨーロッパのライン川，ドナウ川や東南アジアのメコン川，南アメリカのアマゾン川などが好例。

❹パイプライン　流体を輸送する設備で，一方から圧力を加えることで**原油や天然ガスを安価に長距離輸送**できる。ヨーロッパや北アメリカで発達している。

❺航空機　地形や海洋の影響を受けず，各地をほぼ最短距離で結ぶ。高速で輸送でき，時間距離を著しく短縮させたが，輸送費が高額。先進国を中心に旅客輸送に活用されるほか，**軽量で付加価値の高い電子部品や鮮度が重視される食品など**の貨物輸送にも利用される。

　　1 ハブ空港　輸送効率を高めるため，航空会社は特定の拠点空港(ハブ空港)に路線を集中させている。**旅客や貨物が集まり，近隣地域に経済効果が期待できる。**

　　2 LCC(格安航空会社)　効率的な運営により低価格の運賃を実現している航空会社。2000年代になって急増し，日本でもアジア各都市と結ぶLCC路線が拡充した。
Low-Cost Carrier

★7 2地点間の距離を，その移動時間で換算したもの。

3 現代の国家と結びつき

★8 周辺地域や世界各地からの航空路線を拠点空港に集中させ，乗客や貨物を中継しながら輸送する方式を，鉄線(スポーク)が車軸(ハブ)に集まる自転車の車輪に見立てて，ハブアンドスポークとよぶ。

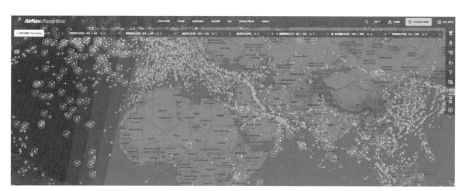

▲航空機の運航状況をリアルタイムで確認できるアプリ(フライトレーダー24)　北アメリカ〜ヨーロッパ〜アジアで多数の航空機が飛んでいる様子が読み取れる。

2 通信手段の発達

❶情報通信技術　コンピュータネットワークを結びつけたインターネットは1989年に商用開放され，大量の情報を高速で伝達するブロードバンドや光ファイバーを用いた海底ケーブルの整備がすすんできた。情報通信技術(ICT)の進歩が，時間距離を克服している。
Information and Communications Technology

★9 高速・大容量のデータ通信が可能なネットワークサービス。

❷情報機器の普及　現代世界では固定電話に代わり，携帯電話やインターネットに接続できるスマートフォンが急速に普及した。情報機器の発達にともなって人びとの生活行動も変化したが[★10]，ICTを利用できる人とできない人との情報格差（デジタルデバイド）も拡大した[★11]。

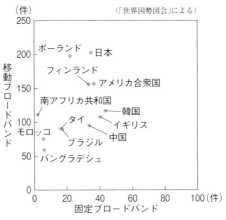

（「世界国勢図会」による）

▲100人あたりブロードバンド契約数（2020年）

★10 それぞれの家庭や事業所に向けて有線回線を設置するのに比べて，基地局を配置するだけの無線通信網は整備費用が安価で効率的であることから，固定電話網が普及していない発展途上国でも急速に広まった。

★11 インターネットを利用して商品やサービスを売買する電子商取引（eコマース）やキャッシュレス決済などが普及した。遠隔地の人々とビデオ通話やWeb会議を行うことも可能になった。

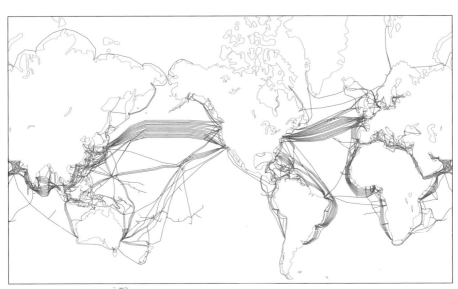

▲世界の海底ケーブルの敷設状況（2023年1月）　　　　（Submarine Cable Map による）

4 | 観光による結びつき

1 観光の国際化

❶国際観光客の増加　現代世界では国境を越える人々の移動が活発化しており，国際観光客数は2010年の約10億人から，2019年には約15億人に増加している。労働時間が短く，バカンス[★2]が定着しているヨーロッパでは，地中海沿岸のリゾートでの長期滞在型観光が人気であるが，東ヨーロッパを訪れる人も少なくない。また，北アメリカや東・東南アジアなど地理的に近く，経済的な結びつきの強い地域を中心に観光客が多い。

❷日本の国際観光　日本では1964年に海外旅行が自由化され，円高が進行した1980年代に海外旅行者数が急増した。その後，日本の国際観光収支は支出が収入を上回る状態が続いたが，近隣のアジア諸国の経済成長を背景に，2010年代以降，来訪外国人旅行(インバウンド)のうち，訪日旅行は急激に成長した。[★3]

★1 国連世界観光機関(UNWTO)の資料による。

★2 フランス語で「休暇」のこと。フランスでは連続5週間までの休暇取得が認められている。他のヨーロッパ諸国でも夏季を中心に長期休暇を取得する傾向がみられる。

★3 外国人観光客の増加にあわせて，多言語での案内表示が増加したほか，ムスリムに配慮した食事(ハラールフード)や祈祷室の提供などさまざまな工夫や対応がみられる。

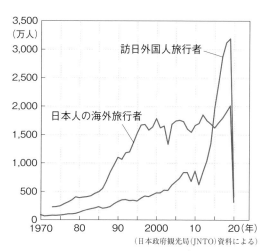

▲日本からの海外旅行者数と日本を訪れる外国人旅行者数の変化
2020年には世界的な新型コロナウイルス感染症の大流行により，日本人の海外旅行者，訪日外国人旅行者がいずれも激減した。

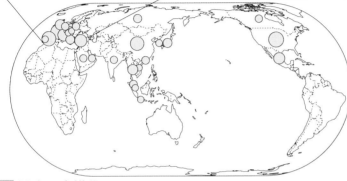

（UNWTO資料による）

出発国・地域	（万人）	出発国・地域	（万人）
中国	15,463	ウクライナ	2,888
アメリカ合衆国	9,974	韓国	2,871
ドイツ	9,953	インド	2,692
香港	9,472	カナダ	2,661
イギリス	9,309	ルーマニア	2,307
ロシア	4,533	オランダ	2,205
イタリア	3,470	日本	2,008
フランス	3,041	スペイン	1,985

▲国際観光客のおもな出発国・地域（2019年）

◀国際観光客の
おもな到着国

国際到着数（2019年）
8,000（万人）
3,000
1,000

2 観光の多様化

❶エコツーリズム　地域の自然環境や文化への理解を深める
ための観光形態（ツーリズム）で，その**保全と活用の両立によ
り持続可能な観光産業の振興**を図る。[4]

❷グリーンツーリズム　都市住民が，自然にめぐまれる農山
村を訪れ，**さまざまな体験や住民との交流を楽しむ観光形態**。

❸課題　観光客に人気のある世界遺産の登録地などでは，**混
雑の激化，ゴミの増加，宿泊施設の不足**などさまざまな問題
をともなうオーバーツーリズムとよばれる状態が引き起こさ
れることがある。

★4 従来の観光開
発は，環境破壊や地
域社会との摩擦など
の課題をかかえてき
た。

- 冷戦期に誕生したNATOは，地域紛争に対応する軍事同盟に変質。
- 現代世界では国際分業が進展し，貿易が活発化：EU，ASEAN，
  NAFTA（現USMCA）などの地域的統合→TPP，RCEPなど広域的な自
  由貿易圏の形成。
- 各国で情報機器が急速に普及したが，デジタルデバイドの解消が課題。
- 欧米諸国に加え，経済成長した東・東南アジアで国際観光が成長。

統計地図をつくってみよう

○等値線図

　観測データから，等しい値をとる地点を推定しながらなめらかな線で結んでいく。分布状況をみやすくするために，等値線で囲まれた範囲を色彩や模様で表示してもよい。

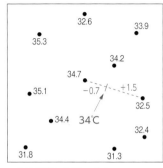

▲ ある地域の気温の分布

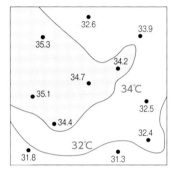

▲ 32℃と34℃の等温線

○階級区分図

　絶対値には適さない。また，数値の大きな階級ほど濃い模様や色彩を，小さな階級ほど薄い模様や色彩を用いるとみやすい。階級の数や区分の基準は，地域の特徴をとらえられるように工夫する。

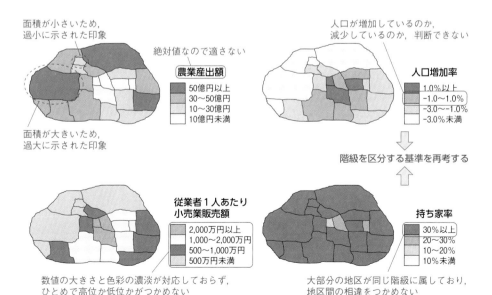

面積が小さいため，
過小に示された印象

絶対値なので適さない

農業産出額
- 50億円以上
- 30〜50億円
- 10〜30億円
- 10億円未満

面積が大きいため，
過大に示された印象

人口が増加しているのか，
減少しているのか，判断できない

人口増加率
- 1.0%以上
- -1.0〜1.0%
- -3.0〜-1.0%
- -3.0%未満

階級を区分する基準を再考する

従業者1人あたり
小売業販売額
- 2,000万円以上
- 1,000〜2,000万円
- 500〜1,000万円
- 500万円未満

数値の大きさと色彩の濃淡が対応しておらず，
ひとめで高位か低位かがつかめない

持ち家率
- 30%以上
- 20〜30%
- 10〜20%
- 10%未満

大部分の地区が同じ階級に属しており，
地区間の相違をつかめない

○流線図

ヒトやモノの移動量を表せる。地理院地図を使って作成することもできる。以下は，日本の輸入相手先と輸入額に関する流線図の作成例。

1. 国土地理院のホームページから「地理院マップシート」(Excelファイル)をダウンロードし，解凍する。

2. 「編集を有効にする」→「コンテンツの有効化」を実行し，「地理院マップシート」に必要事項を入力する。

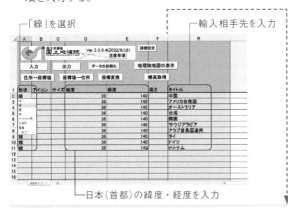

「線」を選択

輸入相手先を入力

各国の首都の位置を「経度　半角スペース　緯度」の形式で入力。西経や南緯は−(マイナス)を用いる。ただし，西経の場合は，先頭に単一引用符(')を入力することが必要

日本(首都)の緯度・経度を入力

各国からの輸入額を入力

数式「=CEILING.MATH(12*S2/MAX(S:S))」を入力。S列の最大値を，半径12px(ピクセル)の線とし，その他の値を比例配分し小数点以下を切り上げるという内容

線の色を入力。R(赤)，G(緑)，B(青)，A(透明度)を0～255の数値で指定

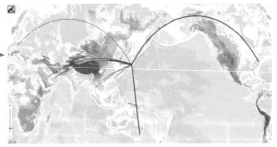

3. 「出力」し，GeoJSONファイルで保存。地理院地図で保存したファイルを読み込む(ファイルをドラッグ&ドロップしてもOK)。

☑ 要点チェック

CHAPTER **1**　球面上の世界	答
☐ 1　子午線の全周は，およそ何万kmか。	1　4万km
☐ 2　地球の表面の海洋と陸地の比率はおよそ何：何か。	2　海洋：陸地＝7：3
☐ 3　旧グリニッジ天文台を通過する0度の経線を何とよぶか。	3　本初子午線
☐ 4　地球上のある地点からみて，正反対の地点を何というか。	4　対蹠点
☐ 5　夏至に，北緯66.6度（66度34分）以上で起こる太陽が1日中沈まない現象は何か。	5　白夜
☐ 6　冬至に，北緯66.6度（66度34分）以上で起こる，太陽が1日中昇らない現象は何か。	6　極夜
☐ 7　日本の標準時子午線は，何度か。	7　東経135度
☐ 8　1時間の時差は，経度何度で生じるか。	8　15度
☐ 9　日本とロンドンの時差は何時間か。	9　9時間
☐ 10　日付変更線を西から東へ越えるとき，日付はどうするか。	10　1日遅らせる
☐ 11　高緯度地域で日中時間が長くなる夏季に，時刻を1時間早める制度は何か。	11　サマータイム
☐ 12　世界最古の地図は，ふつう何とよばれるか。	12　古代バビロニアの地図
☐ 13　地球球体説により初めて子午線の長さを算出したのはだれか。	13　エラトステネス
☐ 14　中世ヨーロッパでは，地球はどんな形と考えられていたか。	14　円盤状
☐ 15　中世ヨーロッパのTOマップの中心に描かれた都市はどこか。	15　エルサレム
☐ 16　中世に使用されるようになった，磁石の性質を利用して方位を知るために用いる器具は何か。	16　羅針盤
☐ 17　ヨーロッパで，15世紀末から16世紀にかけて多くの航海者や探検家が活躍し，地理的知識が発展した時代を何というか。	17　大航海時代
☐ 18　1492年に西インド諸島に到達したイタリア人はだれか。	18　コロンブス
☐ 19　1492年に，現存する最古の地球儀を作成した人物はだれか。	19　マルティン＝ベハイム
☐ 20　奈良時代の僧侶が作成したとされる，京都を中心に道路と諸国の位置を記した地図を何というか。	20　行基図
☐ 21　日本で初めて測量による精密な地図をつくったのはだれか。	21　伊能忠敬

□ 22	現在，地形図などの公的な地図を作成・発行している国の機関は何か。	22 （国土交通省）国土地理院

CHAPTER 2　地図の役割　　　　　　　　　　　　　答

□ 1	地球上の2点間を結ぶ最短経路を何というか。	1 大圏コース（大圏航路）
□ 2	地球をかたどってつくられた球形の立体模型を何というか。	2 地球儀
□ 3	球体である地球表面の様子を平面に描く方法を何というか。	3 地図投影法（図法）
□ 4	中心からの距離と方位が正しくなる平面図法は何か。	4 正距方位図法
□ 5	4で描かれた地図は，おもに何に利用されるか。	5 航空図
□ 6	緯線が同心円で，一部を切り取って大陸図などで利用される投影法は何か。	6 円錐図法
□ 7	メルカトル図法の作成に利用されている投影法は何か。	7 円筒図法
□ 8	メルカトル図法で直線が示す航路は何コースか。	8 等角コース
□ 9	現地での測量や調査をもとに作成した地図を何というか。	9 実測図
□ 10	9の図をもとに編集して作成した地図を何というか。	10 編集図
□ 11	5千分の1と50万分の1の地図で，大縮尺なのはどちらか。	11 5千分の1
□ 12	さまざまな事象を網羅的に表現した地図を何というか。	12 一般図
□ 13	特定の事象を取り上げて表現した地図を何というか。	13 主題図
□ 14	コンピュータを利用して画像化した地図を何というか。	14 デジタル地図
□ 15	統計データや観測データの分布を表現した地図を何というか。	15 統計地図
□ 16	数値の絶対量を点の数で表現した統計地図を何というか。	16 ドットマップ
□ 17	市町村別の人口を示すのに適した統計地図は何か。	17 図形表現図
□ 18	気温の分布を示すのに適した統計地図は何か。	18 等値線図
□ 19	原油の貿易（移動）状況を示すのに適した統計地図は何か。	19 流線図
□ 20	数量に応じて，対象となる国や地域の形や大きさなどを変化させた地図を何というか。	20 変形地図（カルトグラム）
□ 21	市町村別の人口増加率を示すのに適した統計地図は何か。	21 階級区分図
□ 22	地表面のさまざまな事象を，規定された図式に則って示す一般図を何というか。	22 地形図
□ 23	日本の22を作成している機関はどこか。	23 国土地理院
□ 24	実測図に該当する日本の地形図の縮尺を答えよ。	24 2万5千分の1
□ 25	現在の日本の地形図は，何図法で作成されているか。	25 ユニバーサル横メルカトル図法

□ 26	5万分の1の地形図上で4cmの長さは，実際には何kmか。	26 2km
□ 27	3kmの距離は，2万5千分の1地形図上で何cmになるか。	27 12cm
□ 28	過去に起きた自然災害の情報を伝えるために追加された地図記号は何か。	28 自然災害伝承碑
□ 29	GPS衛星を利用して地殻変動を監視している設備は何か。	29 電子基準点
□ 30	起伏を表現できる同一高度を結んだ閉曲線を何というか。	30 等高線
□ 31	5万分の1地形図で，計曲線は何mごとに描かれるか。	31 100m
□ 32	2万5千分の1地形図で，主曲線は何mごとに描かれるか。	32 10m
□ 33	尾根では等高線は，どのような形状になるか。	33 低い方に凸
□ 34	地図から土地利用を読み取るとき，何が集まっている地区がその地域の中心地と考えられるか。	34 公共施設
□ 35	地形図中の 記号は何を表しているか。	35 電子基準点
□ 36	地形図中の ⊗ の記号は何を表しているか。	36 高等学校
□ 37	地形図中の 記号は何を表しているか。	37 図書館
□ 38	地形図中の Y の記号は何を表しているか。	38 桑畑
□ 39	地形図中の △ の記号は何を表しているか。	39 三角点
□ 40	地形図中の ・ の記号は何を表しているか。	40 水準点
□ 41	電子国土基本図をWeb上で発信するデジタル地図を何というか。	41 地理院地図
□ 42	地図とデータベースを統合した情報処理システムは何か。	42 地理情報システム(GIS)
□ 43	人工衛星からの電波を利用し，地球上の位置を測定するシステムを何というか。	43 GNSS(全球測位衛星システム)
□ 44	電磁波を受信する人工衛星による地球観測を何というか。	44 リモートセンシング(遠隔探査)
□ 45	個人によるGISの利用例を1つあげよ。	45 カーナビゲーションなど
□ 46	公益企業や自治体によるGISの利用例を1つあげよ。	46 ハザードマップなど
□ 47	表計算ソフト(Excel)に入力された統計数値から，統計地図を作成できるGISソフトを何というか。	47 MANDARA
□ 48	全体を把握することが困難な，膨大なデータ群のことを何というか。	48 ビッグデータ
□ 49	官民の48を集約し，可視化する，経済産業省などが運用するシステムを何というか。	49 RESAS(地域経済分析システム)

CHAPTER 3　現代の国家と結びつき	答
□ 1　国家の3要素は何か。	1　主権，領域，国民
□ 2　現在，多くの国は領海を何海里に設定しているか。	2　12海里
□ 3　現在，多くの国は排他的経済水域を何海里に設定しているか。	3　200海里
□ 4　陸から続く傾斜の緩やかな海底を何というか。	4　大陸棚
□ 5　山脈，河川などを利用した国境を一般に何というか。	5　自然的国境
□ 6　経緯度によって決められた人為的国境を何というか。	6　数理的国境
□ 7　日本の南端となっている東京都の島は何島か。	7　沖ノ鳥島
□ 8　北方領土は，（　　），国後島，歯舞群島，色丹島である。	8　択捉島
□ 9　IMFの日本語での名称を何というか。	9　国際通貨基金
□ 10　アメリカ合衆国を中心とした最大の軍事同盟は何か。	10　北大西洋条約機構（NATO）
□ 11　OECDの日本語での正式名は何か。	11　経済協力開発機構
□ 12　主要国首脳会議は，カタカナで何とよばれているか。	12　サミット
□ 13　旧ソ連から独立した国々のつくった協力組織は何か。	13　独立国家共同体(CIS)
□ 14　1995年に結成された，南米の関税同盟の略称は何か。	14　MERCOSUR
□ 15　アジア太平洋経済協力の略称は何というか。	15　APEC
□ 16　先進国と発展途上国の間の経済格差の問題を何というか。	16　南北問題
□ 17　先進国間の貿易を何貿易というか。	17　水平貿易
□ 18　ジュネーブに本部をおくWTOの，日本語での名称は何か。	18　世界貿易機関
□ 19　特定の国・地域による自由貿易の取り決めを何というか。	19　自由貿易協定(FTA)
□ 20　経済連携協定の略称は何か。	20　EPA
□ 21　自動車が普及して生活に深く入り込むことを何というか。	21　モータリゼーション
□ 22　世界の貨物輸送の大部分を占める交通機関は何か。	22　船舶
□ 23　2地点間の距離を，その移動時間で換算したものを何というか。	23　時間距離
□ 24　航空貨物の例を1つあげよ。	24　電子部品など
□ 25　世界の空港と地方空港を結ぶ大規模な中継空港を何というか。	25　ハブ空港
□ 26　世界中のコンピュータを結ぶ通信ネットワークとは何か。	26　インターネット
□ 27　情報に関する量的，地域的，技術的な格差を何というか。	27　デジタルデバイド
□ 28　フランスでは長期休暇を何というか。	28　バカンス
□ 29　農村などで自然や住民との交流を楽しむ余暇活動を何というか。	29　グリーンツーリズム

第 2 編

世界の理解と国際協力

・・・

1 ≫ 世界の地形と人々の生活

まとめ

① SECTION 大地形と生活 ☞ p.73

☐ **大地形**

・造山運動が起きた時期によって安定陸塊，古期造山帯，新期造山帯の3つに分類。

・日本付近には4つのプレート。地形が複雑で地震が多く，火山活動もさかん。

☐ **変動帯**

・**広がる境界**…海嶺，地溝。

・**狭まる境界**…海溝，弧状列島(島弧)，褶曲山脈。

・**ずれる境界**…断層。

☐ **安定地域**

・侵食平野などの大規模な平原。

② SECTION 小地形と生活 ☞ p.78

☐ **河川地形**

・沖積平野…河川による堆積平野。上流から谷底平野，扇状地，氾濫原，三角州の4つに分類。

☐ **海岸地形**

・**沈水海岸**…リアス海岸，フィヨルド，エスチュアリ(三角江)。

・**離水海岸**…海岸平野や海岸段丘の形成。単調な海岸線。

・**砂浜海岸**…砂嘴，砂州，陸繋砂州，陸繋島，潟湖などさまざまな地形。

☐ **氷河地形**

・氷河…夏になっても融けなかった積雪が経年により圧縮。

・山岳氷河…侵食力が強く，カールやU字谷を形成。

☐ **乾燥地形**

・砂漠…日較差が大きく地面の風化がすすみやすい。特有の地形を有する。

・**砂漠の河川**…ワジ(かれ川)，外来河川。

・地下水路，オアシスなど水を確保するために地形を利用。

☐ **カルスト地形**

・カルスト地形…石灰岩が水の溶食作用によって形成。

1 大地形と生活

▶ 大山脈や大平原など，世界に大規模に広がる大地形は，どのようにして形成されたのか。また，そこに暮らす人々にどのような影響を与えているのかを考える。

1 | 大地形

1 大地形の分類と成り立ち

地球内部からの内的営力によって形成された大地形は，造山運動が起こった時期によって，安定陸塊，古期造山帯（りくかい），新期造山帯の3つに分類される。

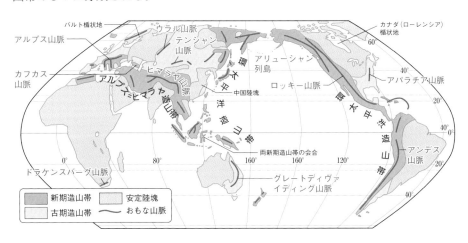

▲世界の大地形

新期造山帯は，地震や火山活動がさかんで変動帯にあたる。それに対し，安定陸塊は，安定地域であり，人々の暮らしに大きな影響を与えている。

	先カンブリア時代	安定陸塊
5億4,000万年前	古 生 代	古期造山帯
2億5,200万年前	中 生 代	新期造山帯
6,600万年前	古 第 三 紀	
2,300万年前 新生代	新 第 三 紀	
700万年前 260万年前 人類の進化	第四紀 更新世	……（洪積台地）
1万2,000年前	完新世	……（沖積平野）

▲地質時代の区分とおもな地形

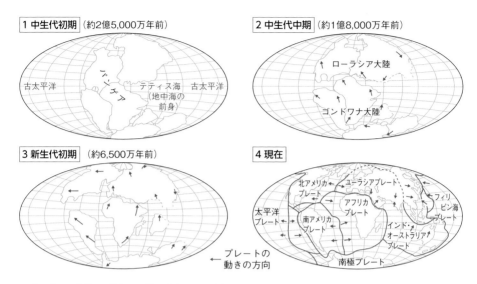

| 1 中生代初期 （約2億5,000万年前） | 2 中生代中期 （約1億8,000万年前） |

古太平洋　パンゲア　テティス海（地中海の前身）　古太平洋

ローラシア大陸
ゴンドワナ大陸

| 3 新生代初期 （約6,500万年前） | 4 現在 |

← プレートの動きの方向

北アメリカプレート　ユーラシアプレート　フィリピン海プレート　太平洋プレート　アフリカプレート　南アメリカプレート　インド・オーストラリアプレート　南極プレート

▲パンゲアの移動　2億年ほど前に存在した巨大大陸パンゲアは，大陸の移動を繰り返しながら現在の六大陸となった。

補説　営力　地形を作る力のこと。地球内部からの地殻変動などの力を内的営力という。また，侵食や堆積作用などの地球表面でみられる力を外的営力という。外的営力では扇状地や砂州などの小地形を作る。

2 地殻とプレート

地球表面の硬い岩石の層は，十数枚の岩石層に分かれていて，それぞれがその下部の柔らかいマントル[★1]の対流に乗って，さまざまな方向に年間数mm～数cmの距離を移動している。

★1 地殻と地球中心にある核の間にある物質。

日本付近には，4つのプレートがある。また，地形が複雑で地震が多く，火山活動もさかんである。（⇨p.175）

補説　地殻とマントル　地球の表面は，地殻と上部マントルで構成される岩石層で覆われている。この岩石層が十数枚のプレートに分かれている。

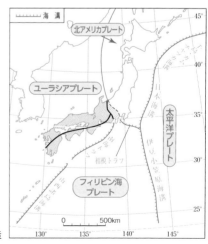

北アメリカプレート
ユーラシアプレート
太平洋プレート
フィリピン海プレート
相模トラフ

▶日本のおもな地体構造

2 | 変動帯

1 プレート境界

プレート境界は起伏の変化が大きい変動帯となっており，プレートの動く方向によって，3種類の接し方に分類される。

❶広がる境界　海嶺，地溝。アイスランドは大西洋中央海嶺が海上に出て島になったもの。

❷狭まる境界　海溝，弧状列島（島弧），褶曲山脈。海洋プレートが陸のプレートに沈み込む場所では，海溝と島弧ができ，火山活動もさかんである。一方，陸のプレートどうしがぶつかる場所では褶曲山脈が形成される。

❸ずれる境界　水平方向に動き断層がみられる。アメリカ合衆国西海岸にあるサンアンドレアス断層が好例である。

地溝と海溝が間違えやすいので注意する。

地溝…広がる境界でプレートが離れていく際に陥没してできる細長い凹地。

海溝…狭まる境界でプレートが沈み込むところにできる細長く深い凹地。

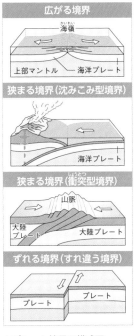

▲プレート境界の模式図

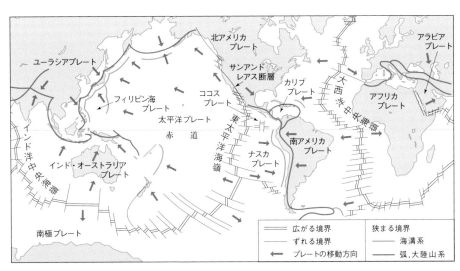

▲世界のおもなプレート

2 変動帯に暮らす人々

　プレート境界では地震が発生しやすい。また，火山活動がさかんな場所がある。これにともない災害が発生することが多いが，雄大な景観が観光資源になることや温泉の湧出，地熱発電への利用など，この地域に住む人々に恩恵ももたらしている。

▲スヴァルスエインギ地熱発電所［写真奥］と排出熱を利用した温泉施設（アイスランド）

★1 地震にともなって，建物の倒壊，火災の発生が起きるので，耐震基準の見直しや防火帯の設置などがすすめられている（⊂⟩p.180）。
　また，津波，液状化，土砂崩れなどの災害をもたらすこともある。
★2 溶岩の組成や粘度，噴出時の温度などによって，火山の形はさまざまである。

> 補説　地球内部からの噴出物がみられる変動帯の一部には，銅や銀，錫などの金属資源を含む鉱床がみられる場所がある。南米のチリは，銅鉱の生産量が世界一。

▲火山の種類

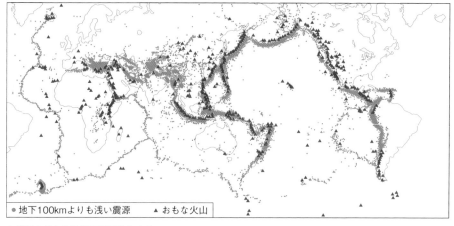

● 地下100kmよりも浅い震源　▲ おもな火山

▲世界のおもな地震の震源地と火山

3 | 安定地域

1 安定陸塊（りくかい）

　約6億年前以前の先カンブリア時代に激しい造山運動があったが，その後は安定している地域。**侵食平野などの大規模な平原**となっている。大陸移動などの造陸運動（ぞうりく）の影響を受けているため一度海に水没することもある。

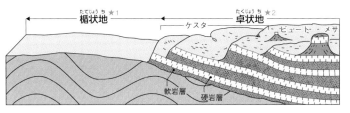

▲安定地域の平野の構造図

| 補説 | ケスタ…構造平野の水平地層がやや傾斜しているところでは，硬軟互層（こうなんご）（そう）が選択侵食を受けたため，階段状の地形が見られる。

★1 先カンブリア時代から長い間侵食を受けているので，大規模に平原が広がっている地域。

★2 先カンブリア時代の地層の上に，そのあとの古生代や中生代の地層を乗せている地域。

　卓状地は一度海に水没したと考えられており，水平地層を乗せているので，構造平野と同じものを指している。

2 古期造山帯

　古生代の造山運動で形成された地域であるが，その後は安定し，侵食作用を受けているため，**なだらかな山地や丘陵**（きゅうりょう）になっているものが多い。交通の障害にはなりにくい。石炭の層が侵食によって露出（ろしゅつ）していることも多く，その場合は露天掘り（ろてんぼ）が可能である。

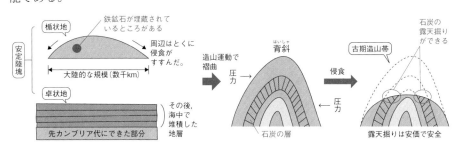

▲古期造山帯の形成

安定陸塊の楯状地には鉄鉱石，古期造山帯には石炭が豊富な場所がある。

^{SECTION}
②　小地形と生活

▶ 地球内部からの内的営力によってつくられる大地形に対し，太陽からのエネルギーの影響で発生する降水や風，また生物などの外的営力によって小地形はつくられる。小規模なもので，それぞれ生活の舞台となっているところが多い。

1 ｜ 河川地形

河川による堆積平野を沖積平野という。沖積平野は上流から，谷底平野，扇状地，氾濫原，三角州の4つ。

1 谷底平野

河川の上流部の山間部ではV字谷がみられるが，一時的に流れが緩やかな場所では堆積作用がみられ，河川沿いには谷底平野が形成される。

★1 山間部に形成される，河川による侵食谷。氷河による侵食谷はU字谷という（⇨p.82）。

▲河川がつくる沖積平野

> 補説　谷底平野は，「こくていへいや」と読む。また，V字谷，U字谷は，「ぶいじこく，ゆうじこく」と読むが，「ぶいじだに，ゆうじだに」でも間違いではない。

2 扇状地

　山間部から平野に出た河川は，流れが緩やかになり，土砂を扇形に堆積する。砂礫が多く，扇頂で河川はしみ込み，扇央では水無川になりやすい。伏流した流れは，扇端で再び湧水する。扇端にみられる湧水帯は扇形の弧のように連続し，集落も帯状に立地する。

★2 乏水地のため桑畑に利用されていたが，近年では果樹園に利用されている。

3 氾濫原

　扇状地の下流域では，河川はゆったりと流れ，蛇行や三日月湖もみられる。洪水により何度も流路が変化し，その河川の堆積物で形成された中下流域の堆積平野を氾濫原という。洪水時にあふれた水によって自然堤防上に土砂が堆積し，洪水のたびに自然堤防が高くなっていく。普段は河床に土砂が堆積するので，やがて天井川となっていく★3。氾濫原の後背湿地は，古くから水田に利用されてきた。しかし洪水時には浸水の危険があり，集落は，旧自然堤防などの微高地に立地している。

★3 後背湿地よりも河床が高い河川。

▲天井川の模式図

4 三角州

　下流域では河川は分流し，三角形の形に土砂を堆積する。これを三角州という。土砂の粒は小さく，水はけは悪い。都市が立地することも多いが，氾濫による浸水だけでなく，高潮や津波の被害も受けやすい。そのため，氾濫原と同様に，微高地上に集落が立地することが多い。

TOPICS

扇状地の土地利用

　山梨県や長野県の扇状地の扇央では，明治時代から昭和初期にかけてさかんに桑が栽培され，養蚕業を支えた。第二次世界大戦後は，養蚕業が衰退していく中で，中央自動車道が開通したこともあり，果樹栽培がさかんになっていった。都市部への輸送が容易になったことや，都市部から観光農園への観光客が増加したことが要因である。

POINT!

［扇状地の土地利用—水との関係］

　扇頂，扇端は水にめぐまれ集落が立地。扇央は乏水地のため桑畑から果樹園に。

1

世界の地形と人々の生活

2 海岸地形

1 沈水海岸

V字谷が沈水したリアス海岸，U字谷が沈水したフィヨルド，河川の河口部が沈水したエスチュアリ(三角江)がある。

★1 陸地が沈降するか，海面が上昇すること。

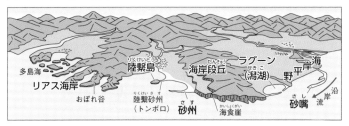

多島海　リアス海岸　おぼれ谷　陸繋島　陸繋砂州(トンボロ)　砂州　海岸段丘　海食崖　ラグーン(潟湖)　海岸平野　砂嘴　沿岸流　海

▲さまざまな海岸地形

2 離水海岸

浅い海底が離水すると海岸平野が形成される。単調な海岸線になることが多い。

岩石海岸が何度も離水すると階段状の海岸段丘がみられる。段丘面は風化して畑作などに利用されている。

★2 陸地が隆起するか，海面が低下すること。
現在は間氷期で，海面が上昇しているので沈水海岸が多くみられる。

> 補説　日本は，山地が海岸線に迫っている場所が多く，リアス海岸や多島海が多くみられる。入り江が連続し波が静かで水深も深いので，カキや真珠，魚の養殖もさかんである。

⌐ TOPICS ⌐

リアス海岸や多島海での養殖

ゆたかで持続的な養殖を支えるしくみづくりが必要。

● 魚付林を植える

海岸や河川などに，魚付林を植える。魚付林は，魚類を誘い集めて保護するために育成される植林・天然林。

● 「森は海の恋人」活動

漁場のある海をきれいにするため，流れ込む河川上流部の森林に，植林などの手入れを行う活動。宮城県の気仙沼で，カキ養殖の漁師たちが上流部の森に植林を行ったのが始まり。養殖に必要な養分は，河川上流部の腐葉土にふくまれている。森林を管理し，海に流れ込む河川の水をきれいにすることが，豊かな漁場の育成にもつながる。

POINT!

沈水海岸のうち，リアス海岸とフィヨルドは**山地が迫り交通の便が悪い**が，エスチュアリは，**後背地にめぐまれており，大都市も立地している。**

③ 砂浜海岸

　沿岸流によって砂が流され，沿岸流の下流側に砂が堆積してできた地形。釣り針状の砂嘴，湾を閉じた状態の砂州，沖合の島に陸繋砂州(トンボロ)によってつながった陸繋島などがある。また，砂州によってできた湖を潟湖(ラグーン)という。★3

★3 潟湖は，淡水と海水が混じる汽水湖になっているものも多い。静岡県の浜名湖ではウナギ，北海道のサロマ湖ではホタテ貝などの養殖がさかん。

砂浜海岸	九十九里浜(千葉県)	
砂嘴	野付半島(北海道)	
砂州	天橋立(京都府)	
陸繋砂州	男鹿半島(秋田県)	
陸繋島	江の島(神奈川県)・紀伊大島(和歌山県)	江の島▶
潟湖	サロマ湖(北海道)・中海(島根県)	サロマ湖▶

▲日本でみられる海岸地形

3 | 氷河地形

1 氷河とは

積雪が夏になっても融けない場合，数年のうちに圧縮されて氷になっていく。この氷を氷河という。谷を流れる山岳氷河は，侵食力が強く，山頂部分にはカールがみられ，U字谷を形成する。氷河の末端には氷河によって運搬された堆積物がみられ，このような地形をモレーンという。

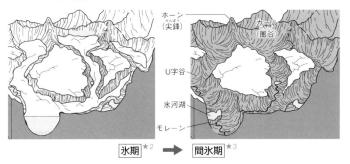

▲氷河地形

★1 氷河とは川が凍ったものではない。山地にみられるものを山岳氷河(谷氷河)，南極大陸やグリーンランド内陸にある氷河を大陸氷河(氷床)という。

★2 地球が寒冷化して氷河が拡大した時期。氷河期ともいう。最終氷期にはヨーロッパでは北緯50度付近まで，北アメリカ大陸では北緯40度付近まで氷床に覆われた。

★3 氷期と氷期の間の氷河が縮小した時期。現在大規模な氷河は，南極大陸やグリーンランド内陸部のほか，アルプス山脈，ヒマラヤ山脈，アンデス山脈などの高山にしかない。

2 氷河地形と生活

ヨーロッパのアルプス山脈やピレネー山脈の麓のU字谷には村が立地し移牧を行っているところがある。

補説 **日本の氷河** 富士山の山頂も北海道の大雪山も夏になると残雪が融ける。飛驒山脈の深い谷で何年も残雪が残る小型の氷河が発見されたが，基本的には現在の日本には大規模な氷河は発達していない。氷期には高山に氷河が発達したので，カールやU字谷がみられる。

▲フランス南部 ピレネー山脈

▲ピレネー山脈のフランス側のカールとU字谷
このU字谷は50km程度続いている。

U字谷が海まで及んだ高緯度地方では，フィヨルドが発達している。ノルウェーのフィヨルドでは，サケの養殖がさかんで日本にも輸出されている。

4 乾燥地形

1 砂漠

　乾燥地域では，1日のうちの最高気温と最低気温の差である**日較差が大きい**（⟳p.88）ため地面の風化がすすみやすく，特有の地形がみられる。

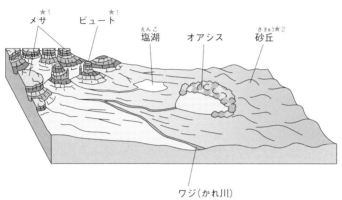

メサ^{★1}　ビュート^{★1}　塩湖　オアシス　砂丘^{★2}

ワジ(かれ川)

▲乾燥地域の地形

★1　構造平野などでみられる。硬軟の地層が侵食される際に形成され，テーブル状のものをメサ，塔状のものをビュートという。

★2　風によって飛ばされた砂が堆積したもの。砂砂漠で発達する。なお，日本のような湿潤地域でも砂丘はみられる。鳥取砂丘は，冬の北西の季節風などによって海岸付近の砂が内陸側に運ばれて形成されたもの。

2 砂漠の河川

❶ワジ　砂漠気候の降水は，突発的に短時間みられ，多くは豪雨となる。そしてしばらくは降水がみられないため，河道は形成されるが，**普段は水がないかれ川**となる。これをワジ^{★3}という。起伏が緩やかなため普段は道路として利用されている。

❷外来河川　湿潤地域から流れてくる河川で乾燥地域を貫流して，海まで流れる河川を外来河川といい，乾燥地域では重要な水の供給源となっている。海まで達しない河川は内陸河川という。内陸河川は内陸湖に注ぐ場合も多い。

★3　扇状地の扇央では水無川（かれ川）がみられるが，ワジとはいわない。ワジは乾燥地域にみられるかれ川のこと。

① 外来河川…ナイル川，ティグリス川，ユーフラテス川，インダス川など。
② 内陸河川…ヴォルガ川(→カスピ海)，アム川やシル川(→アラル海)など。

世界の地形と人々の生活

❸乾燥地域の水の確保

1 外来河川　ナイル川にはアスワンハイダムが建設され，**商品作物の綿花**が栽培されている。

2 地下水路　遠方の水脈から地下に水路をつくって水を引く。イランではカナート，北アフリカではフォガラという。

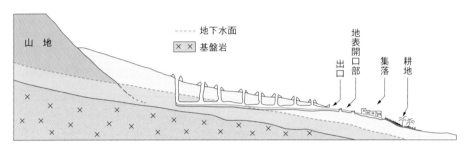

▲カナートの模式図

3 地下水　アメリカ合衆国のグレートプレーンズのセンターピボットや，オーストラリアの大鑽井盆地の掘り抜き井戸(鑽井)など，半乾燥地帯では，地下水を利用した農牧業が行われている。

4 オアシス　砂漠にも島状にエクメーネ(常時，人が居住している地域)がみられる。

> 補説　砂漠とは，乾燥の結果みられる地形で，砂とは限らない。世界の砂漠のうち砂砂漠は約２割で，約８割は岩石砂漠や礫砂漠である。

▲センターピボット　灌漑用のスプリンクラーを回転させて，くみ上げた地下水を自動でまいている。畑が円形になるのが特徴。

┌ TOPICS ┐

なつめやしの栽培

　オアシスなどに自生していたなつめやしは乾燥に強く，果実(デーツ)を乾燥させると保存性が増し，甘味料として利用されている。灌漑して商品作物としての栽培もすすんでいる。

▲なつめやし

POINT!
乾燥地形は，降水による外的営力は少ないが，気温の日較差が大きいことによる岩石の風化や，風による外的営力がみられる。

5 | カルスト地形

1 溶食作用

　石灰岩が，雨水や地下水の溶食作用によって形成される特有の地形をカルスト地形という。地表面には，ドリーネとよばれる小さなくぼみがみられ，ドリーネが連なるとウバーレという大きめの凹地ができる。地下にしみ込んだ地下水が流れるときにも石灰岩を溶食し，石灰洞（鍾乳洞）とよばれるトンネル状の空間ができる。やがて岩盤近くまで溶食が進み，ポリエ（溶食盆地）が形成される。

★1 二酸化炭素を含む雨水や地下水によって石灰岩が化学変化し，溶かされて特有の地形が形成される。これを溶食作用という。

　これに対し侵食作用とは，河川などによって物理的に削られて形成される地形のことをいう。

★2 アドリア海に面するスロベニアのカルスト地方から，この石灰岩の特有の地形名が名付けられた。

1 世界の地形と人々の生活

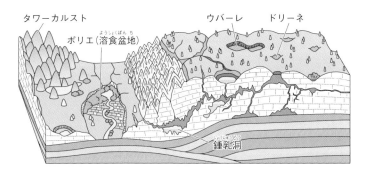

タワーカルスト　ポリエ（溶食盆地）　ウバーレ　ドリーネ　鍾乳洞

▲カルスト地形

補説　石灰岩の多くは，古生代から中生代にかけて海で発達したサンゴなどの骨格の化石と考えられている。暖かい海で形成されたサンゴ礁が海洋プレートの移動によって陸地に取り込まれたものである。日本列島にも，秋吉台（山口県）や平尾台（福岡県）など日本各地にカルスト地形がみられる。なお，セメント工業は石灰岩を原料とするが，日本のセメント工業は資源立地型でカルスト地形がみられる周辺に立地している。

▲秋吉台（山口県）

2 ≫世界の気候と人々の生活

まとめ

❶ 気温と降水量 ☞p.87

□ 気温分布
- 年較差…1年のうちの最暖月平均気温と最寒月平均気温の差。
- 日較差…1日のうちの最高気温と最低気温の差。

□ 降水量の季節変化
- 高日季に降水がふえる地域が多いが，地中海性気候は低日季に降水がふえる。

❷ 大気の動き ☞p.90

□ 大気大循環
- 赤道低圧帯(熱帯収束帯)…赤道付近に連続してみられる低気圧の帯。
- 亜熱帯(中緯度)高圧帯…南緯30度，北緯30度付近にみられる高気圧の帯。
- 貿易風…亜熱帯高圧帯から熱帯収束帯に向かって吹く恒常風。
- 偏西風…亜熱帯高圧帯から亜寒帯低圧帯に向かって吹く恒常風。

□ 季節風(モンスーン)／局地風
- 季節風(モンスーン)…夏は海洋から大陸に，冬は大陸から海洋に向かって吹く風。日本では夏に太平洋側に降水，冬に日本海側に大雪をもたらす。
- 局地風(地方風)…特定の場所に吹く風。やませ，フェーンなど。

❸ 気候と生活 ☞p.93

□ 気候区分
- ケッペンの気候区分…熱帯(A)，乾燥帯(B)，温帯(C)，亜寒帯(冷帯)(D)，寒帯(E)の5つの気候帯と，さらに細かく13の気候区を設定。

□ 気候の変化と植生・土壌帯
- 成帯土壌…気候と植生の影響を強く受けて形成。世界のほとんどはこれに属する。
- 間帯土壌…母岩の影響を強く受けて形成。その場所にのみ分布。

□ 気候帯と生活
- 気候帯によって生活の様子は大きく異なり，それぞれの気候に適応するための工夫をみることができる。

□ 気候と農牧業
- **世界のおもな食べ物**…米・小麦・とうもろこしの三大穀物といも類が中心。

SECTION 1 気温と降水量

▶ 世界の人々の様々な生活には，その地域の気温や降水量が大きく影響している。まず気温と降水量の成り立ちについてみていく。

1 | 気温分布

1 年較差

1年のうちの最暖月平均気温と最寒月平均気温の差を年較差★1という。年較差は一般に次のときに大きくなる。①低緯度より高緯度，②沿岸部より内陸，③大陸の西岸より東岸。シベリアは①～③の3つにあてはまる。

★1 年較差は12個の数字から，日較差は無数の数字から比較している。

★2 人が定住している地域で，世界の最低気温が記録される場所を世界の寒極（かんきょく）という。シベリアのオイミャコンでは，－70℃以下の気温が記録されている。しかし，夏は20℃を超える日もあり，農牧業が可能である。

▲シベリアの夏と冬

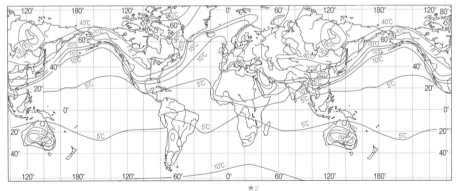

▲年較差の等温線図　シベリアでは年較差が60℃以上になる。★2

（右側の縦書き）
2　世界の気候と人々の生活

2 日較差

　1日のうちの最高気温と最低気温の差は日較差という。熱帯地域や低中緯度の砂漠などでは，年較差より日較差の数字の方が大きくなる傾向にある。

　補説　気温と温度は違う。気温とは，一定の条件で測定した大気の温度のことなので区別すること。

▶ボリビアの民族衣装

　低緯度で標高の高いアンデス山脈に位置するボリビアでは，日較差が大きいため，脱ぎ着のしやすいマントを羽織っている。また，日射が強いため帽子が役立っている。

2 降水量の季節変化

1 降水の条件

　①上昇気流がみられる場所，②湿った風が山脈にぶつかる風上側，③暖かい空気と冷たい空気のぶつかる場所，などでは一般に降水がみられる。

2 季節と降水

　高日季に降水がふえる地域が多いが，地中海性（Cs）気候は，低日季に降水が多い。

　補説　雨季・乾季　1年のうちで降水が多い季節と少ない季節がはっきりしている場合，雨季，乾季という。「期」ではなく「季」の字を使うのは，雨の季節という意味のため。

★1　太陽高度が高くなる季節。温帯や亜寒帯では夏にあたるが，熱帯では季節が明瞭でないので，高日季，低日季というとわかりやすい。

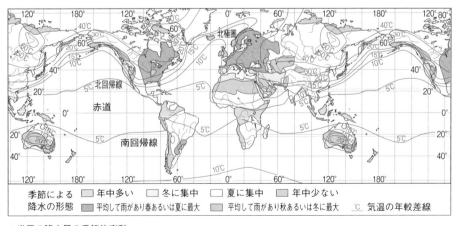

季節による降水の形態	▨ 年中多い　□ 冬に集中　□ 夏に集中　▨ 年中少ない
	▨ 平均して雨があり春あるいは夏に最大　▨ 平均して雨があり秋あるいは冬に最大　℃ 気温の年較差線

▲世界の降水量の季節的変動

❸ 降水の例

❶スコール（⤷p.98）　熱帯雨林（Af）気候などでは，強い日射によって上昇気流が発生し，夕立のような激しい雨が毎日のようにみられる。

❷ワジ（⤷p.83）　砂漠（BW）気候では，降水はほとんどないが，降るときは短時間に集中豪雨が降る。普段は河川はワジとなっている。

❸シトシト雨　イギリスでは，湿った偏西風の影響で霧雨のようなシトシト雨が長時間降ることがある。

▲東南アジア（ベトナム）のスコール

毎日のようにスコールがあるが，傘を持たないのはなぜだろう？
→①夕立のような豪雨なので傘が役に立たないから。
　②雨宿りをしていたら短時間でやむから。

◀ネゲブ砂漠（イスラエル）のワジ
砂と岩が多く水がしみこみにくいため，上流で集中豪雨が降ると，急に水量が増して下流で鉄砲水がおこることがある。

┌ TOPICS ┐

イギリス人は傘をささない？

　イギリスでは，シトシト雨が多い。そのため，レインコートや撥水加工の上着を好む傾向にあり，日本のように傘を持ち歩く人は少ない。また晴れていても突然にわか雨が降ることも多い。

SECTION

② 大気の動き

▶ 風は，気温や降水量の分布に大きな影響を与え，その地域に住む人々に影響している。風の成り立ちについてみていく。

1 | 大気大循環

1 風のながれ

低気圧は上昇気流，高気圧は下降気流が発生するので，風は，気圧の高い所から気圧の低い所に吹く。これを気温で考えると，気温が高い所は上昇気流，気温が低い所は下降気流が発生するので，風は気温の低い所から気温の高い所に吹く。

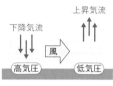

▲風が生じるしくみ

2 気圧帯

例えば赤道付近は，北緯30度と南緯30度付近に比べて気温が高いことが多く，低気圧が発生しやすい。赤道付近に連続して低気圧が複数みられるので，これを赤道低圧帯（熱帯収束帯）という。そして南緯30度と北緯30度付近は高気圧が発生しやすい緯度であるので，亜熱帯（中緯度）高圧帯という。また，南緯60度と北緯60度付近は南極と北極に比べて気温が高いことが多いので，低気圧が発生しやすく同様に亜寒帯低圧帯という。

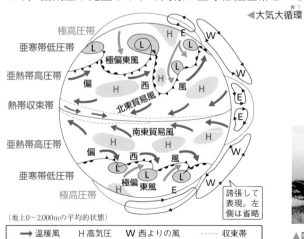

◀大気大循環[1]

（地上0〜2,000mの平均的状態）

| → 温暖風 | H 高気圧 | W 西よりの風 | ----- 収束帯 |
| → 寒冷風 | L 低気圧 | E 東よりの風 | ▲▼ 前線 |

★1 年中同じ向きに吹く風を恒常風という。貿易風と偏西風が好例。

▲吹き続ける偏西風で曲がって生える木（アルゼンチン）

3 貿易風

亜熱帯高圧帯から熱帯収束帯に吹く恒常風。**東寄りの風向**で，南半球では南東貿易風，北半球では北東貿易風となる。

4 偏西風

亜熱帯高圧帯から亜寒帯低圧帯に向かって吹く恒常風。西寄りの風（西風）となる。偏西風は**極偏東風の影響を受けて蛇行す**ることが多い。

ニュージーランドの南島では，偏西風が新期造山帯で標高の高いサザンアルプス山脈にぶつかるため，東西で降水量が大きく違う。東側は乾燥するため牧羊がさかん。南米のパタゴニアでも，偏西風がアンデス山脈にぶつかり，風下側（東側）はパタゴニア砂漠となっている。イギリスも偏西風が吹くが，ペニン山脈は古期造山帯のため標高が低く，山脈の東西で降水量の差が小さい。

★2　東寄りの風（東風）とは，東から西に向かって吹く風。

★3　偏西風のうち，高度の高いところでは強風が吹いており，これをジェット気流という。

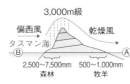

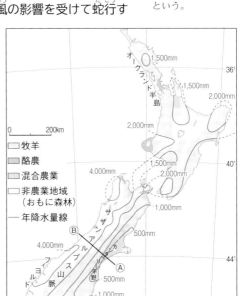

牧羊
酪農
混合農業
非農業地域（おもに森林）
年降水量線

— TOPICS —

行きと帰りで時間が違う？！

ジェット気流の影響で，成田とパリを結ぶ飛行機は，成田発よりパリ発の方が所要時間が短い。

- AF275便（成田→パリ）
  09:35発17:30着　　　所要時間14時間55分
- AF276便（パリ→成田）
  10:35発06:55（翌日）着　所要時間13時間20分

（時刻は出発・到着地の現地時間）

貿易風の風向きは，**南半球は南東，北半球は北東。**

2
世界の気候と人々の生活

2 ｜ 季節風（モンスーン）

1 季節風のでき方

　恒常風に対し，季節によって風向きの変わるものを季節風（モンスーン）という。海洋と大陸の比熱（ひねつ）の違い[★1]によって生じる。夏は海洋から大陸に，冬は大陸から海洋に向かって季節風が吹く。

2 日本の季節風

　ユーラシア大陸と太平洋の位置関係から，日本を含む東アジアの沿岸部では，夏は高温で湿潤（しつじゅん）な南東季節風，冬は寒冷（かん）で乾燥（そう）した北西季節風が吹く。日本の脊梁山脈（せきりょう）[★2][★3]にぶつかり，夏は太平洋側で降水が多く，冬は日本海側の大雪をもたらす。日本の日本海側にみられる冬の大雪は，沿岸を流れる暖流の対馬海流（つしま）から水分が供給されることで生じる。

POINT!

東南アジア・南アジアの季節風…ユーラシア大陸とインド洋の位置関係から，夏は南西，冬は北東の風向きの季節風になる。山脈と降水量を考えるときに注意が必要。

3 ｜ 局地風

1 局地風（きょくちふう）

　特定の場所に吹く風を局地風（地方風）という。特徴ある風でそこに住む人々に影響を及（およ）ぼす。

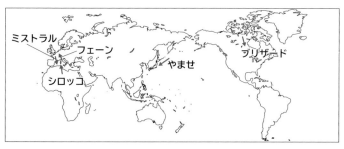

▲世界の局地風

★1 大陸は海洋に比べて温まりやすく冷めやすいので，夏は高温に冬は寒冷になる。

★2 大陸の西岸（せいがん）では暖流の上を吹く偏西風の影響で年較差（ねんかくさ）が小さく，海洋性の**西岸気候**がみられる。一方大陸の東岸では季節風の影響で年較差（りょう）が大きく四季が明瞭（めい）な**東岸気候**がみられる。

★3 分水嶺（ぶんすいれい）となっている山脈のこと。日本のような弧状列島では背骨のようになっている山脈で，降水量に大きな影響を与える。

③ 気候と生活

▶ 自然環境のうち，地形と並んで気候は，人々の生活に大きな影響を及ぼしている。気候は，植生や土壌などのほか農牧業などの人々の営みとも密接に関係し，それぞれに影響し合っている。ここでは気候区分や気候と生活のかかわりについてみていく。

1 ｜ 気候区分

1 ケッペンの気候区分

　ドイツの気候学者ケッペンは，指標植物の分布を基準に，気温と降水量の数値から気候区分を行った。

　低緯度から高緯度に向かって，熱帯(A)，乾燥帯(B)，温帯(C)，亜寒帯(D)，寒帯(E)の5つの気候帯と，さらに細かく13の気候区を設定した。

★1　気候を決める基準となるデータを**気候要素**という。気温，降水量，風の三大要素のほか，湿度，日照量，雲量など。
　緯度，地形，海流，海抜高度，水陸分布，隔海度など，気候要素のデータに影響をあたえるものを**気候因子**という。

▼ケッペンの気候区分

熱帯 A	Af	熱帯雨林気候		f	一年中，乾季がない
	Am	弱い乾季のある熱帯雨林気候		s	冬に雨，夏は乾燥する
	Aw	サバナ気候		w	夏に雨，冬は乾燥する
乾燥帯 B	BS	ステップ気候		m	中間的なもの(AfとAwの中間)
	BW	砂漠気候		亜寒帯 D	Df	亜寒帯湿潤気候
温帯 C	Cw	温暖冬季少雨気候			Dw	亜寒帯冬季少雨気候
	Cs	地中海性気候		寒帯 E	ET	ツンドラ気候
	Cfa	温暖湿潤気候			EF	氷雪気候
	Cfb	西岸海洋性気候				

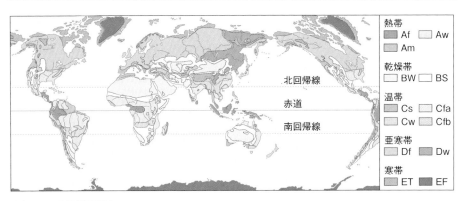

熱帯
■ Af　□ Aw
□ Am

乾燥帯
□ BW　□ BS

温帯
□ Cs　□ Cfa
□ Cw　□ Cfb

亜寒帯
□ Df　■ Dw

寒帯
□ ET　■ EF

北回帰線
赤道
南回帰線

▲ケッペンの気候区分図

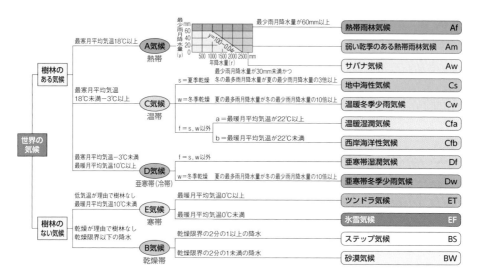

▲ケッペンの気候区の判定指標

　乾燥気候は降水量が少ないが，数字で決まってはいない。降水量より，乾燥限界値（推定の蒸発量と考えたらよい）の方が大きい場合，乾燥気候と判定する。

> ● 乾燥限界 R の計算
> 年平均気温を t ℃，年降水量を r mm として，
> r ＜ R のとき乾燥気候
> 夏季乾燥 s 型：R＝20 t
> 冬季乾燥 w 型：R＝20（t＋14）
> 湿潤 f 型　：R＝20（t＋7）

POINT!

　ケッペンの気候区の判定…①乾燥限界値の計算からB気候かACDE気候かを判定→②E気候の判定→③ACD気候の判定→④気候の確定。

2 ハイサーグラフ

　縦軸を気温，横軸を降水量とし，12か月の月平均気温と月降水量の点を結んだグラフ。

　① 右上がりの形　夏に降水量が多い。
　② 左上がりの形　冬に降水量が多い。
　③ 上下の幅が小さい　年較差が小さい。
　④ 横の幅が小さい　1年を通じて月ごとの降水量の差が小さい。

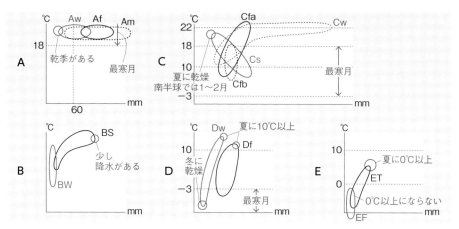

▲ハイサーグラフの基本形

3 雨温図（うおんず）

月平均気温を折れ線グラフ，月降水量を棒グラフで表す。
気温の折れ線グラフが，**山型になると北半球，谷型になると南半球。**

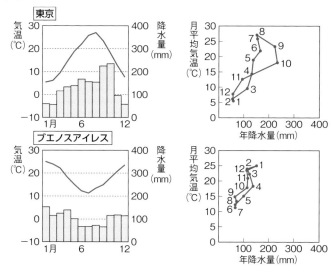

▲東京とブエノスアイレスの違い
南半球のアルゼンチンのブエノスアイレスは東京と同じ温暖湿潤気候（Cfa）である。ハイサーグラフだとグラフは右上がりの同じ型を示すが，雨温図は図の形が異なる。
→ハイサーグラフは気候区がわかりやすい。
雨温図は，北半球か南半球などの場所がわかりやすい。

2 ｜ 気候の変化と植生・土壌帯

1 植生（植物帯）

　ある地域にみられる植物の集合を植生（植物帯）という。気候と関係が深く人々の衣食住に大きな影響を与える。

2 気候帯と植生・住まい

　ケッペンは植生の分布をもとに気候帯や気候区を分類したので，それぞれの分布が似ている。

★1 サバナはアフリカの熱帯草原の呼称，ステップはロシアからウクライナにかけての草原から名付けられた。
　サバナの植生は「疎林と長草草原」で，熱帯の気候，ステップの植生は「短草草原」で乾燥帯の気候区にみられる。

熱帯の様子

サバナ　熱帯雨林

乾燥帯の様子
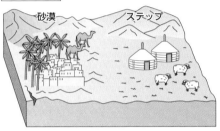
砂漠　ステップ

温帯の様子
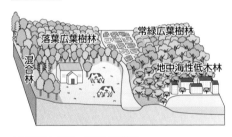
落葉広葉樹林　常緑広葉樹林　混合林　地中海性低木林

亜寒帯・寒帯の様子

氷雪　ツンドラ　タイガ

▲気候帯と植生・住まいの様子

3 土壌帯

　大きく成帯土壌と間帯土壌がある。

❶成帯土壌　気候と植生の影響を強く受けて形成された土壌。世界のほとんどの土壌はこれに属する。離れた別々の場所にも同じ成帯土壌が存在することになる。

★2 離れた場所の同じ名前の成帯土壌は，それぞれ微妙な違いがあっても，色や肥沃度といった大きな特徴では共通性がある。
　成帯土壌は，帯状に分布する。気候帯や植物帯の帯と分布が似るので，成帯（帯を成す）という。

▼おもな成帯土壌

名称	分布する場所	特徴
ラトソル	熱帯雨林からサバナの一部に分布。	赤色であまり肥沃でない。
褐色森林土	温帯の落葉広葉樹林帯や混合林地帯に分布。	肥沃。
ポドゾル	亜寒帯のタイガ地帯に分布。	灰白色の酸性土壌。あまり肥沃でない。
チェルノーゼム	ウクライナから西シベリア南部のステップ地帯に分布。	厚い腐植層があり肥沃。

2

世界の気候と人々の生活

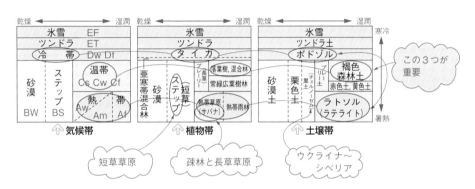

▲気候帯，植物帯，土壌帯　気候帯，植物帯，土壌帯は分布が似ている。ケッペンは植生をもとに分類し，成帯土壌は，気候と植生の影響を強く受けているので，この3つはほぼ一致する。

❷間帯土壌　母岩の影響を強く受けてできた土壌。帯状には分布せず，その場所だけに分布する。

▼おもな間帯土壌　間帯土壌は分布する場所と適する農産物が大切。

名称	分布する場所	適する農産物	母岩
レグール	デカン高原	綿花	玄武岩
テラロッサ	地中海沿岸	オリーブ・ぶどう	石灰岩
テラローシャ	ブラジル高原南部	コーヒー	玄武岩・輝緑岩

レグール

テラロッサ

テラローシャ

3 | 気候帯と生活

1 熱帯

熱帯は赤道を中心にだいたい南北回帰線(なんぼくかいきせん)より低緯度(いど)の地域に広がっている。一般に年較差(ねんかくさ)が小さい。[★1]

（ケッペン原図，ガイガーほか修正，ほかによる）

Af 熱帯雨林気候
Am 弱い乾季のある熱帯雨林気候
Aw サバナ気候

▲熱帯の分布

❶**熱帯雨林気候(Af)** アマゾン盆地(ぼんち)，コンゴ盆地，東南アジアの赤道直下の地域に分布している。1年中気温が高く，強い日射で午後にはスコールがみられる。急な増水に備えるため高床式(たかゆかしき)の住宅がみられる。伝統的な焼畑農業(やきはた)[★3]が行われてきたが，アフリカや東南アジアではプランテーションも発達した。

❷**弱い乾季(かんき)のある熱帯雨林気候(Am)** ❶の気候の周辺で，**季節風(モンスーン)**がみられる地域を中心に月降水量が**60mmを下回る(弱い乾季がある)**場所にみられる。熱帯雨林の植生も多少変化する。[★4]

❸**サバナ気候(Aw)** 夏(高日季)(こうじつき)は熱帯収束帯(しゅうそく)の影響を受けて雨季になり，冬(低日季)は亜熱帯高圧帯(りん)の影響を受けて乾季になる。疎(まば)らに生えている低木(疎林)(そりん)と丈の長い草(長草草原)(ちょうそう)がみられる。

★1 日較差(にち)のほうが大きい。
★2 熱帯雨林気候や弱い乾季のある熱帯雨林気候でみられるスコールは，強い日射で午前中から上昇気流が発生し，上空で冷やされて雨雲が発生するという日本の夏の夕立(ゆうだち)のような対流性降雨(たいりゅうせいこうう)である。年降水量は多いが，スコールの降水がほとんどである。強い風をともなわないので，暴風雨ではなく，横風はあまりみられない。高床式住宅も風による災害は少ない。

▲高床式住宅(タイ)

★3 熱帯雨林を伐採(ばっさい)し火を放ち，その灰を肥料に数年間自給的な農業を行う。地力が衰えると次の場所に移動する。おもにキャッサバを栽培する。
★4 Am気候では一部落葉する熱帯雨林がみられる。

長草草原…日常ではあまり使わない単語であるが，サバナ気候の植生では重要。ステップ気候の「短草草原」(たんそう)はおよそ10cm以下の短い草原。

2
世界の気候と人々の生活

④熱帯と生活

1 **南アメリカ大陸**　アマゾン川の流域のアマゾン盆地には，セルバとよばれる熱帯雨林がみられる。常緑の広葉樹で高木が多い。薄い表土から養分をとるために板根とよばれる根が発達している。インディオ(インディヘナ)は，伝統的には焼畑農業でおもにキャッサバを栽培している。

ブラジル高原では，沿岸部を中心に古くからさとうきび，南部のテラローシャ土壌の地域ではコーヒー，近年ではバナナやカカオのプランテーションもみられる。

▲熱帯雨林の板根(インドネシア)

2 **東南アジア・南アジア**　モンスーンの影響で稲作が発達している。半島や島が多いので輸出しやすいため，植民地時代には，天然ゴムや茶のプランテーションが発達した。

▲フィリピンのルソン島北部の中央山岳地帯の棚田　1995年に，ユネスコの世界遺産(文化遺産)に登録されている。

3 **アフリカ東部**　サバナが広がるケニアやタンザニアでは，大型の哺乳動物が生息している。伝統的な狩猟生活や牛などの遊牧がみられる。

▲マサイ族の遊牧(ケニア)

▲南アメリカ大陸の気候区分　セルバはアマゾン川流域の熱帯雨林。リャノはオリノコ川流域のサバナ。カンポはブラジル高原のサバナ。パンパはブエノスアイレスを中心とする地域の温帯草原。

② 乾燥帯

南北回帰線付近に広がっており，陸地全体の約4分の1の面積を占めている。

（ケッペン原図．ガイガーほか修正．ほかによる）

▢ BS ステップ気候
▢ BW 砂漠気候

▲乾燥帯の分布

❶砂漠気候（BW）★5　天然のオアシスなど湧き水があるところはエクメーネ★6となっている。外来河川やカナートなどの地下水路，またセンターピボット（⇨p.84）など地下水が利用できる地域では，村落がみられる。

◀日干しレンガ［アドベ］（モロッコ）
土とワラを混ぜて型に入れて天日で乾燥させて作ったレンガ。砂漠気候の住宅に使用される。アドベで作った住宅は，窓を小さくとってあり，日較差が大きい砂漠気候では，夜の涼しい空気を入れて日中は窓を閉めて熱風が入らないようにする。

❷ステップ気候（BS）　乾燥気候のうち，**短い雨季**のある地域では，短草草原がみられる。アジア，アフリカでは，遊牧★7が広くみられる。遊牧は季節ごとに家畜とともに移動するので，テントなどで居住することが多かったが，近年では定住もすすみつつある。

補説　遊牧民は，肉は特別な日にしか食べず日常は乳製品を食べる。季節的移動の際，オアシスなどの定住民が栽培する穀物と交換して生活してきた。今では貨幣経済が浸透し，車で移動したり，子どもが学校に通学したりすることも珍しくなくなってきた。

POINT!

［ステップ気候の牧畜］

アジア，アフリカの旧大陸では遊牧が広くみられるが，北アメリカ，南アメリカ，オーストラリアの新大陸では，企業的放牧業が中心である。

★5　砂漠気候の成因は以下の4つ。
①亜熱帯高圧帯…回帰線あたりの面積の大きな砂漠が広がっている。サハラ砂漠やオーストラリアの砂漠など。
②隔海度が大きい…海洋からの距離が大きいと水蒸気が少なく乾燥する。タクラマカン砂漠とゴビ砂漠。
③大山脈の風下側…アルゼンチンのパタゴニアでは，偏西風が新期造山帯のアンデス山脈にあたり，これの風下側になる（⇨p.91）。
④海岸砂漠…沖合に寒流が流れるため，気温が低く気流が安定し，降水量が少なくなる。チリのアタカマ砂漠やナミビアのナミブ砂漠など。

★6　常時，人が居住しているところ（⇨p.150）。

★7　モンゴルでは馬の遊牧もみられる。移動式のテントをモンゴルではゲル，中国ではパオという。中央アジア，西アジア，北アフリカでは，羊を中心にヤギやラクダの遊牧がみられる。

❸乾燥帯と生活

1 **サハラ砂漠のオアシスとなつめやし**　地形や
水脈の関係で，湧き水がみられる場所がある。
このほか井戸や河川からの水が得られる場所
をオアシスといい，乾燥に強いなつめやしが
自生し，集落が立地することもある。

▲サハラ砂漠のオアシスとなつめやし

2 **モンゴル**　ステップ気候のモンゴルの草原で
は，羊やヤギを中心に馬などの遊牧がみられ
る。ゲルとよばれる移動式のテントで生活し
ている。

▲遊牧民のゲル

3 **アメリカ合衆国の企業的放牧業**　アメリカ合
衆国のロッキー山脈の東麓に広がるステップ
気候のグレートプレーンズでは，**粗放的な牛
の企業的放牧業**が行われている。写真はフィー
ドロットとよばれる大規模肥育場で，出荷
の前に肉の味を美味しくするために濃厚飼料
（大豆やとうもろこしなど栄養価の高い飼料）
を与える。

▲アメリカ合衆国の企業的放牧業
（フィードロット）

3 温帯

中緯度から高緯度にかけて広がっており，過ごしやすいため，
人々の生活の舞台となっている。四季の変化が明瞭である。★8

北回帰線
赤道
南回帰線
（ケッペン原図，ガイガーほか修正，ほかによる）

　Cs 地中海性
　　気候
　Cw 温暖冬季少
　　雨気候
　Cfa 温暖湿潤
　　気候
　Cfb 西岸海洋性
　　気候

▲温帯の分布

★8 温暖湿潤気候
（Cfa）の日本は，夏
は暑く冬は寒いので，
その間の春と秋もふ
くめ，四季の変化が
明瞭である。そのよ
うな自然環境は，例
えば俳句の季語のよ
うな世界観にも影響
を与えているといえ
る。

2

世界の気候と人々の生活

❶温暖湿潤気候(Cfa)　中緯度の大陸東岸に広く分布している。季節風が卓越するため，温帯の中では年較差が大きい。降水量は多く，とくに夏から秋にかけては亜熱帯で発生した熱帯低気圧が来襲することがある。東アジアでは稲作がさかんである。

★9 Cfaが広く分布する緯度帯は偏西風が常に吹いている。しかし中緯度の大陸東岸では，大陸と海洋の比熱の違いによって，地上付近では偏西風より季節風が勝ってしまう。それでも上空は偏西風やジェット気流が吹いており，例えば火山噴火の際の火山灰は東に流される場合が多い。

◀**日本の棚田(香川県)**
山間部の傾斜地では，集約的な棚田がみられる。

❷温暖冬季少雨気候(Cw)　サバナ気候(Aw)の高緯度側やアジア大陸の東岸の一部などに分布する。夏は気温が高くなり降水量も多いが，冬の降水量は少なくなる。中国の南部では茶の栽培がさかん。

◀**中国華南の茶畑(福建省)**

╱ TOPICS ╱

茶畑

　中国華南地方が原産といわれている。原産の華南地方は，Cwで夏の降水量が多い。南向きで日当たりがよく水はけのよい丘陵地が茶の栽培に適している。日本では，静岡県や鹿児島県の南向きの台地で栽培がさかんである。

❸西岸海洋性気候(Cfb)　大陸西岸に発達している。沖合を流れる暖流の上を吹く偏西風の影響を強く受けている。そのため，年較差は小さく，月降水量の変化も小さい。冬が温暖なため，温帯の中では高緯度に分布している。

▲スコットランドの牧羊
1年中適度な降水があり牧草がよく育つ。

▲ブナの森
落葉広葉樹のブナは西岸海洋性気候(Cfb)を代表する木で，Cfbは別名ブナ気候ともよばれている。ヨーロッパでは中世以降開発がすすみ，天然のブナの森はほとんどなく，写真のような人工林となっている。
◀日本の白神山地(しらかみ)に残るブナの森は，原生林としては世界最大規模で，世界自然遺産に登録されている。

❹地中海性気候(Cs)★10　おもに中緯度の大陸西岸に分布している。夏は中緯度高圧帯の影響で乾燥(かんそう)し，冬は偏西風の影響で降水量がまとまるが，年降水量は比較的少ない。夏の乾燥に強いオリーブやコルクがしなどの硬葉樹(こうようじゅ)がみられる。

★10 夏の乾燥に耐えるオリーブやぶどう，柑橘類(かんきつ)などを栽培し，冬作物の小麦栽培と家畜の飼育を組み合わせている。

▲さまざまな種類のオリーブを売る店(南フランス)　地中海沿岸はオリーブの栽培に適したテラロッサ土壌(どじょう)が分布している。

▲コルクがし
地中海沿岸が原産のブナ科の常緑樹である。樹皮が厚く，ワインの栓(せん)などに利用する。

❺温帯と生活

1 **アルゼンチンのパンパ**　アルゼンチンの首都ブエノスア
イレスを中心に広がる温帯の草原地帯。温暖湿潤気候
(Cfa)の東部は湿潤パンパとよばれ，小麦やとうもろこ
しなどの混合農業や企業的穀物農業[★11]が行われている。西
部のステップ気候(BS)の地域は乾燥パンパとよばれ，羊
の企業的放牧業がさかんである。

★11 穀物の栽培と
家畜の飼育，飼料な
どを輪作する農業。
ヨーロッパで発達し
た。

2 **よろい戸**[★12]　ヨーロッパの南部
では，よろい戸とよばれる，
ブラインドのような役目の扉
がみられる。強い日射をさえ
ぎり風は入る。よろい戸の内
側にガラス窓がある。

▼よろい戸

▲ポワティエ(フランス)の旧市街

★12 地中海性気候
(Cs)の地域だけで
なく，気温が上がる
フランス中部でもみ
られる。日本より緯
度が高いため太陽高
度が低く，直射日光
が入りやすいため発
達した。湿度が低い
ので風が入ると過ご
しやすい。

3 **ブルゴーニュ地方**　フランス有数のぶどう栽培地域。ケ
スタの斜面を利用して栽培している。[★13]水はけのよい丘陵
地で栽培されている。

★13 ヨーロッパの
ぶどう栽培は，日本
で一般的にみられる
ぶどう棚はつくらず，
人の背丈ぐらいの杭
で栽培する。ぶどう
の収穫は，腕の高さ
あたりに実った房を
とる。

▲ぶどう畑　　　　　　　　▲ぶどう畑の土壌

[4] **ニュージーランド**　西岸海洋性気候(Cfb)で，偏西風の
影響を受ける。南島のサザンアルプス山脈は新期造山帯
で標高も高く，風下にあたる山脈の東側では牧羊がさか
んである。

◀**ニュージーランドの
牧羊**
ニュージーランドで
は肉毛兼用のコリデ
ール種が多い。スコ
ットランドの写真(⤳
p.103)と比べると山
脈が急峻である。

[5] **沖縄**　温暖湿潤気候(Cfa)の沖縄は，夏季は熱帯のように
気温が高く，海洋リゾートとして観光業がさかんである。

◀沖縄の海

★14 羊の種類
①メリノ種…羊毛専
用種。スペイン原産
であるが，オースト
ラリアの大鑚井盆地
で大規模に飼育され
ている。
②コリデール種…毛
肉兼用種。ニュージ
ーランド原産。
③ロムニー種…肉専
用種。イギリス原産
で，コリデール種と
ともにニュージーラ
ンド南島に多い。

★15 那覇の最寒月
平均気温は15℃前
後で亜熱帯といわれ
ているが，温帯に属
する。沖合を黒潮が
流れていることで冬
季の水温が高く，サ
ンゴ礁が発達してい
る。

2
世界の気候と人々の生活

─┤ TOPICS ├─────

温帯(亜熱帯)の沖縄の生活

①第一次産業は意外と少なく，4.0％(全国
平均3.4％)。漁業はさかんであるが，農
業は畑作が中心で稲作は適さない(用水の
不足，台風の襲来のため)。暖かい気候を
利用して春の彼岸用の菊の栽培など，の
びている分野もある。
②第二次産業はさかんでなく，15.4％(全国
平均24.1％)。鉱産資源にめぐまれず，大
消費地にも遠いため。食料品・飲料製造

業の割合が高い。近年，石油・石炭製造
業がのびている。
③第三次産業が中心。有業者のうち第三次
産業に従業する人の割合は80.7％(全国
72.5％)。都道府県別では東京都(83.7％)
に次いで第2位。米軍施設での勤務のほ
か，近年では観光業に従事する割合がふ
えている。　　　　　　　　(統計は2017年)

4 亜寒帯（冷帯）★16

　北半球の高緯度地方でみられる。夏季は比較的気温が上がり，南部では小麦，北部でも大麦などの麦類の栽培が可能な地域もある。一方冬季は寒さが厳しい。永久凍土★17が広がる地域では住宅は高床式★18となっている。

★16 亜寒帯（冷帯）には，タイガとよばれる針葉樹林帯がみられる。樹種がそろう純林であり，林業資源としての価値が高い。

★17 地面や地中の温度が1年中0℃以下で凍結が続いている土壌をいう。

★18 永久凍土層に暖房の熱が伝わると凍土が融けて住宅が傾くため高床式にしている。

	Df	亜寒帯湿潤気候
	Dw	亜寒帯冬季少雨気候
	ET	ツンドラ気候
	EF	氷雪気候

（ケッペン原図，ガイガーほか修正，ほかによる）

▲亜寒帯・寒帯の分布

❶**亜寒帯湿潤気候（Df）**　ユーラシア大陸と北アメリカ大陸の北部に分布する。1年中降水がある。南部では農牧業地域も広がっている。モスクワ周辺のロシア西部からヨーロッパの北緯60度以南では混合農業や酪農が行われている。カナダでも平原三州では春小麦が栽培されている。

❷**亜寒帯冬季少雨気候（Dw）**　ユーラシア大陸東部（シベリア）のみに分布している。冬は降水量が少なく冷え込みが厳しい。世界の寒極とよばれる地域はこの気候区に位置する。気温の年較差が大きい。

▲シベリアの高床式住居宅

/ TOPICS /

大河川の河口部に発達する林業都市

　タイガは純林のため，林業が発達している。伐採した木を筏に組んで，雪融けの増水期に下流へ運ぶ。そのため，大河川の河口部には林業都市が発達しやすい（ロシアの北ドヴィナ川河口のアルハンゲリスクなど）。

POINT!

　亜寒帯（冷帯）は年較差が大きく，高緯度が海洋になる南半球にはない。

❸亜寒帯と生活

□ **北海道の流氷**　北海道は亜寒帯湿潤気候(Df)で，冬の冷
え込みは強く，とくにオホーツク海沿岸地方では，流氷
がみられる。

▲北海道の流氷
紋別からは観光船も出ている。

★19 流氷は低い外
気温で海面が凍り，
それが割れながら流
れるもので，砕氷船
ならば進める。一方，
氷山は大陸氷河など
が海に落ちて流れて
いるものをいう。海
面にみえているのは，
いわゆる「氷山の一
角」で，約9割は海
面下で見えない。元
が氷河なので真水の
氷。

5 寒帯

夏でも気温が低く降水量も少ないため樹林がみられない。

❶**ツンドラ気候(ET)**　ユーラシア大陸や北アメリカ大陸の北
極海沿岸やグリーンランド沿岸のほか，南半球の高緯度地方
にも一部みられる。短い夏には氷が融け，地衣類や苔類など
が育ち，バッタなどの昆虫類も発生する。北半球では，トナ
カイを遊牧するサーミやアザラシを狩猟するイヌイットなど
がみられる。

❷**氷雪気候(EF)**　南極大陸とグリーンランド内陸部に分布し
ている。降った雪が融けないため，大陸氷河が発達する。南
極観測など一時的に人が居住することはあるが，常時居住す
ることができないので，アネクメーネ(⇨p.150)である。

★20 スカンディナ
ヴィア半島北部のラ
ップランドにみられ
るトナカイの遊牧民。

❸寒帯と生活

□ **トナカイの遊牧**　サーミはトナカイの
遊牧を行っている。トナカイは，夏は
ツンドラで苔や昆虫を食べ，冬はタイ
ガ地帯に移動して木の皮などを食べる。
北極海沿岸のツンドラ地帯で広く遊牧
民がみられる。トナカイの乳製品だけ
でなく肉も食べる。

▲トナカイの遊牧

4 | 気候と農牧業

1 世界のおもな食べ物

　世界のおもな食べ物は，米・小麦・とうもろこしの三大穀物といも類が中心である。

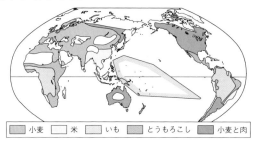

　凡例：小麦　米　いも　とうもろこし　小麦と肉

▲世界のおもな食べ物

❶米　モンスーンアジアで世界の約9割が生産されている。中国南部が原産の1つといわれており，生育期には多雨が必要だが，収穫期には乾燥を好む。そのまま炊飯で食べる以外に，粉にしてビーフンやベトナムのフォーのような食べ方もある。

▶ベトナムのフォー

❷小麦　西アジア原産で，冬の降水を利用する冬作物。乾燥や低温に強い。温帯から亜寒帯にかけて広く栽培されている。比較的降水の多い東アジアでは軟質小麦が栽培され，ギョウザの皮やうどんなどに加工する。西ヨーロッパや地中海沿岸などでは，やや乾燥を好む硬質小麦を栽培し，パンやパスタに加工する。

補説　米は小麦に比べて，単位面積あたりの人口支持力（人口を扶養する力）が約1.5倍といわれており，モンスーンアジアが人口稠密地域である理由の1つとなっている。

❸とうもろこしなど　とうもろこしは中南米原産。メキシコでは，とうもろこしの粉で作るトルティーヤとよばれるパンがある。東アフリカではとうもろこしやソルガムの粉などを湯で練り上げてウガリを作る。

★1　日本や中国などの東アジアでは短粒米のジャポニカ種が主流で粘り気がある。東南アジアでは長粒米のインディカ種が多く粘り気は少ない。

▲ジャポニカ米(左)とインディカ米(右)

　アフリカのマダガスカル東部は，アジア系の民族が居住しており稲作がさかん。
　他のイネ科の穀物としてソルガムがある。日本ではもろこしともいい，アフリカ原産。中国では高粱という。

❹**いも類**　熱帯の焼畑農業ではキャッサバが広く栽培されて
いる。根のいもからとれるデンプンはタピオカの原料になる。
熱帯アフリカやオセアニアではタロイモやヤムイモもみられ
る。

▲**キャッサバ**
荒地に強いので広く栽培されている。

◀**タロイモ**　アフリカ
を中心にオセアニア
でも栽培がさかん。
日本のサトイモに似
る。

◀**ヤムイモ**　アフリカ
を中心に栽培されて
いる。

2 農作物の寒冷限界★2

　農作物栽培の限界は，亜寒帯（D）と寒帯（E）の境界あた
りになるが，**それぞれの農作物によって寒冷限界は異なる**★3。

3 おもな農産物の栽培地域，牧畜地域

❶**熱帯**

1. **天然ゴム**　アマゾン原産。樹液回収に労働力が必要なた
   め，東南アジアが主産地。
2. **油やし**　パーム油は，食用油や石鹸の原料になる。東南
   アジアが主産地。
3. **ココやし**　オセアニアが原産とされる。果実からはコプ
   ラ★4ができる。東南アジアが主産地。
4. **バナナ**　インド・東南アジア・中米での生産が多い。
5. **さとうきび**　ブラジルやインドが多い。雨季と乾季があ
   る気候で栽培。
6. **コーヒー**　エチオピアのカッファ地方が原産地の1つ。
   ブラジルのテラローシャ土壌の地方で栽培が多い。ベト
   ナムが急増。
7. **綿花**　Awのように収穫期の乾燥が必須。アメリカ，中国，
   インドをはじめ，乾燥気候下の灌漑農業でも栽培されて
   いる。

★2　亜寒帯と寒帯
の境界は，最暖月平
均気温が10℃であ
るが，およそ作物の
発芽の最低気温が
10℃といわれている。

★3　作物の栽培限
界（⇨p.125）。

★4　胚乳を乾燥させ
たもので，食用油や
マーガリンなどの材
料として使われる。

2
世界の気候と人々の生活

❷乾燥帯

1 落花生　南米原産。生育期には高温湿潤がよいが，収穫
期には乾燥を好む。BS地域でも栽培されている。

2 なつめやし　北アフリカや西アジアなどで，砂漠のオア
シスでの栽培が多い。

❸温帯

1 大豆　東アジア原産。アメリカやブラジルの生産が多い。

2 ぶどう　地中海性気候下での栽培が中心。ワインの加工
用の栽培が多い。

3 オリーブ　地中海沿岸原産。テラロッサ土壌の分布とほ
ぼ一致。地中海沿岸で世界の約90％が生産されている。

4 オレンジ　地中海性気候をはじめ広く温帯地方で栽培さ
れている。

❹亜寒帯

1 てんさい　北米やヨーロッパ北部で栽培。食用のほか飼
料としても生産される。

2 じゃがいも　アンデス原産。アンデスの高山では凍らせ
て保存食にする。冷涼な地域を好むが世界中で栽培され
ている。

▲てんさい

▲チューニョ（アンデスの保存食）　右上のじゃが
いもは加工前のもの。

❺牧畜

1 ヤク　ウシ科。ヒマラヤやチベットで飼育され，肉，乳
の利用のほか荷役，農耕にも利用する。

2 リャマ・アルパカ　いずれもラクダ科。アンデスの高山
で飼育。肉のほか毛皮もとる。荷役にも利用する。

▲ヤク

▲リャマ

▲アルパカ

3 ≫世界の言語・宗教と生活文化

CHAPTER

✓まとめ

① 世界の言語と生活文化 ☞p.112

SECTION

□ 世界の言語

・公用語…国家が公の会議や公文書に使用することを指定している言語。旧植民地の国では，現在も旧宗主国の言語を公用語としている国が多い。

□ 言語と民族

・人種…人の皮膚の色，骨格，毛髪や目の色など，一部の遺伝的特徴による便宜的な分類。

・民族…文化的，社会的特徴(言語，宗教，伝統，風習など)を指標とする分類。言語は最も強く民族を特徴づける。多くの国は単一の民族で構成されていない。

② 世界の宗教と生活文化 ☞p.116

SECTION

□ 世界の宗教

・**世界宗教**…言語や国家の集団をこえて世界的に信仰されている宗教。キリスト教，イスラーム(イスラム教)，仏教。

・**民族宗教**…インドのヒンドゥー教，イスラエルのユダヤ教，日本の神道，中国の道教など。

・**原始宗教**…アニミズム，シャーマニズム，トーテミズムなど。

□ 宗教と生活文化

・日常生活に強く影響。

・**キリスト教**…聖書の教えに基づいて生活。

・**イスラーム**…聖典であるクルアーン(コーラン)に基づいて生活。

・**仏教**…生きることの苦しみから解放されるために「悟り」を修行によって獲得。宗派によって修行は異なる。

□ 歴史的背景と生活文化

・15世紀ごろからヨーロッパ人が世界中に航海。発見した大陸で現地の人々に文化や宗教を広めた。

・19世紀ごろから欧米による植民地化が本格化。伝統的な現地の生活は変化。

SECTION 1　世界の言語と生活文化

▶ 世界には多くの言語が存在している。その分布にはまとまった地域以外に離れた場所でも同じ言語がみられることもある。言語や宗教といった文化と民族についてみていく。

1 | 世界の言語

1 それぞれの国の公用語

世界では多くの言語が話されている。1つの国の中に複数の言語の集団が存在することも多い。そのようなとき，世界の国々では，国をまとめるために公用語[★1]を定めている。

国の公用語は1つのことが多いが，複数の言語を指定している国もある。

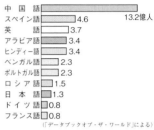

中 国 語	13.2億人
スペイン語	4.6
英　　語	3.7
アラビア語	3.4
ヒンディー語	3.4
ベンガル語	2.3
ポルトガル語	2.3
ロ シ ア 語	1.5
日 本 語	1.3
ド イ ツ 語	0.8
フランス語	0.8

（「データブックオブ・ザ・ワールド」による）

▲第一言語として話す各言語の人口

★1 国家が公の会議や公文書に使用することを指定している言語。

公用語が4つの国に，シンガポールとスイスがある。シンガポールは，中国語，英語，マレー語，タミル語。スイスは，ドイツ語，フランス語，イタリア語，ロマンシュ語。

世界の公用語
- 中国語
- スペイン語
- 英語
- アラビア語
- ヒンディー語
- ベンガル語
- ポルトガル語
- ロシア語
- 日本語
- ドイツ語
- フランス語
- インドネシア語・マレー語
- その他
- 資料なし

・地図中に示した言語のほかにも公用語がある国・地域

※言語別人口のグラフは，「第一言語」として該当の言葉を話す人口を示している。このため，地図中に着色されている部分の人口の統計とは異なる。
（「データブックオブ・ザ・ワールド」ほか，による）

▲世界の公用語

2 植民地と公用語

中・南アメリカでは，スペインやポルトガルからの移民が多く，その後植民地としたため，公用語はスペイン語とポルトガル語がほとんどである。またサハラ以南のアフリカでも，旧宗主国の言語を公用語としている国が多い。

マレー語　中国語　タミル語　英語

▲公用語が複数ある国の紙幣（シンガポール）
マラッカ海峡・シンガポール海峡に接する島国のシンガポールは，交通・交易の要衝でもあり，周囲を支配した王国や植民地の歴史などから，多様な言語が使用されている。

▲スイスの言語

▲ベルギーの言語

3

世界の言語・宗教と生活文化

2 ｜ 言語と民族

1 人種と民族

　人種は，人の皮膚の色，骨格，毛髪や目の色など，一部の遺伝的特徴による便宜的な分類。実際には混血が進み，中間的な場合も多く，厳密な人種分類は困難。同じ人種の中で婚姻が繰り返されることも多いため，人種と民族の分布には共通性もみられる。

★1 人種の区分はしばしば人種差別の指標として使われてきた。

コーカソイド（白色人種，ヨーロッパ系人種）	モンゴロイド（黄色人種，アジア系人種）	ネグロイド（黒色人種，アフリカ系人種）	オーストラロイド（オセアニア）
			▲アボリジニ
白色，褐色の皮膚。金髪，黒色の波状毛，直毛。高く狭い鼻。高～中の身長。	黄色，銅色の皮膚。黒く太い直毛。中くらいの高さの鼻。中～低の身長。	黒色の皮膚。黒色の巻毛，縮状毛。広く低い鼻。厚い唇。	濃色の皮膚，黒色の波状毛，巻毛，低い鼻。
ヨーロッパ人（ゲルマン，ラテン，スラブ），アラブ人（セム・ハム語族），インド人など	中国人，日本人，インドネシア人，イヌイット，アメリカインディアン，ミクロネシア人，ポリネシア人など	バンツー系民族（サハラ以南アフリカ），ムブティ（ピグミー），メラネシア人など	オーストラリア先住民（アボリジニ）など

▲世界の人種

　これに対し民族とは，文化的，社会的特徴（言語，宗教，伝統，風習など）を指標とする分類。このうち，言語の分布は民族の指標としてよく利用される。

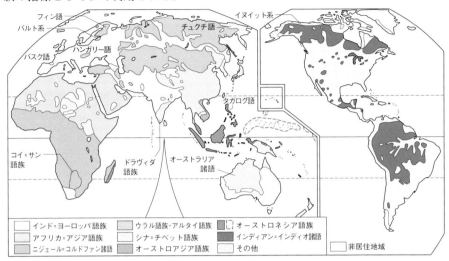

▲世界の言語分布

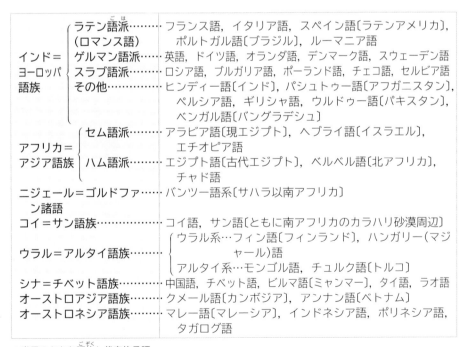

インド＝ヨーロッパ語族	ラテン語派（ロマンス語）	フランス語，イタリア語，スペイン語〔ラテンアメリカ〕，ポルトガル語〔ブラジル〕，ルーマニア語
	ゲルマン語派	英語，ドイツ語，オランダ語，デンマーク語，スウェーデン語
	スラブ語派	ロシア語，ブルガリア語，ポーランド語，チェコ語，セルビア語
	その他	ヒンディー語〔インド〕，パシュトゥー語〔アフガニスタン〕，ペルシア語，ギリシャ語，ウルドゥー語〔パキスタン〕，ベンガル語〔バングラデシュ〕
アフリカ＝アジア語族	セム語派	アラビア語〔現エジプト〕，ヘブライ語〔イスラエル〕，エチオピア語
	ハム語派	エジプト語〔古代エジプト〕，ベルベル語〔北アフリカ〕，チャド語
ニジェール＝ゴルドファン諸語		バンツー語系〔サハラ以南アフリカ〕
コイ＝サン語族		コイ語，サン語〔ともに南アフリカのカラハリ砂漠周辺〕
ウラル＝アルタイ語族		ウラル系…フィン語〔フィンランド〕，ハンガリー（マジャール）語
		アルタイ系…モンゴル語，チュルク語〔トルコ〕
シナ＝チベット語族		中国語，チベット語，ビルマ語〔ミャンマー〕，タイ語，ラオ語
オーストロアジア語族		クメール語〔カンボジア〕，アンナン語〔ベトナム〕
オーストロネシア語族		マレー語〔マレーシア〕，インドネシア語，ポリネシア語，タガログ語

▲世界のおもな語族と代表的言語

2　民族と言語の例

日本語＝日本人(日本民族)のように，言語は最も強く民族を特徴づける[*2]。

❶ **中国語**　中国人以外にはほとんど使用されていないが，使用人口は約13億人と**最も多い**。中国，シンガポール[*3]などで使用。

❷ **英語**　使用範囲が広く，**国際語的性格**をもつ。外交，商業，学術など広く世界中で使用されている。イギリス，アメリカ，オーストラリア，ニュージーランドや，いくつかの旧イギリス植民地の国々の国語となっている。また，カナダ，南アフリカ，インド，パキスタン，フィリピン，シンガポール，ケニア，アイルランドなどでは，公用語の1つとして使用される。約5億人が使用。

❸ **ドイツ語**　ドイツ，オーストリアのほか，中部ヨーロッパ，バルカン半島で普及。学術語としても重要。

❹ **フランス語**　フランスのほかカナダの一部[*4]，アフリカの旧フランス領で使用。

❺ **スペイン語**　スペインのほか，大航海時代以降，スペインが植民地にしたラテンアメリカ諸国の多くで使用される。約4億人が使う。なお，ブラジルでは，かつてポルトガルの植民地であったため，ポルトガル語が公用語となっている。

❻ **アラビア語**　南アジアや北アフリカのムスリム(イスラム教徒)[*5]を中心に，広く使われる。アラブ民族(ムスリムでアラビア語を使う)を特徴づける。

3　民族と国家

多くの国は，単一の民族で構成されていない。

★2 人が幼児期に覚えて身につける言語を母語という。その人の属する民族の言語に一致する。

★3 シンガポールでは，住民のおよそ4分の3が中国系。中華系住民は華人(華僑)という。

★4 東部のケベック州がフランス語圏。

★5 西アジアでも，イラン，トルコ，アフガニスタンなどのムスリム(イスラーム教徒)が使用する言語はアラビア語ではない。

(「データブック　オブ・ザ・ワールド」による)

国	民族構成
中　　国	漢民族91.6%　8.4　その他(55の少数民族)
シンガポール	中国系74.1%　マレー系　13.4　9.2　インド系
マレーシア	マレー系62.0%　中国系22.7　6.9　インド系
スリランカ	シンハラ人82.0%　タミル人9.4　7.9　ムーア人
イスラエル	ユダヤ人75.5%　20.3　アラブ系
ケ ニ ア	キクユ族21%　14　13　ルヒヤ　ルオ　インド・アジア系2.6
南アフリカ	黒人79.4%　白人9.2　8.8　カラード(混血)
ス イ ス	フランス系　ロマンシュ系1.0　ドイツ系65.0%　18.0　10.0　イタリア系
ベルギー	フラマン系58%　ワロン系32　ウクライナ系2.0
ロ シ ア	ロシア人79.8%　タタール人3.8　アジア系
アメリカ	白人61.6%　黒人12.4　6.0　(ヒスパニック15.4%)　その他ヨーロッパ系　先住民1.1
カ ナ ダ	イギリス系34.2%　15.4　33.8　フランス系　先住民5.6
フィジー	フィジー系56.8%　インド系37.5　マオリ人　アジア系
ニュージーランド	ヨーロッパ系67.6%　14.0　9.2　太平洋諸島の諸民族6.9

◀おもな国の民族構成

世界の言語・宗教と生活文化　3

2 世界の宗教と生活文化

▶ 人々の暮らしに大きく影響を与える考え方の1つに宗教がある。同じ宗教集団の中では生活の活動を決めることも多い。また食生活にも大きく影響する。

1 | 世界の宗教

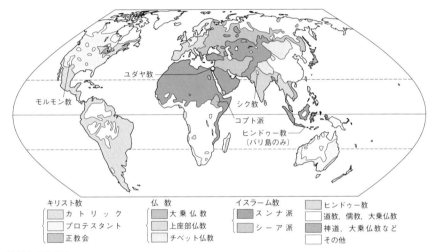

▲世界の宗教分布

1 世界宗教

言語や国家の集団をこえて世界的に信仰されている宗教で，キリスト教，イスラーム（イスラム教），仏教がある。

❶ **キリスト教★1** 紀元前後，西アジアにおいて，ユダヤ教を母体にイエスによって成立した。ヨーロッパやロシアを中心に新大陸でも広く信仰されている。

❷ **イスラーム（イスラム教）★2** 7世紀，アラビア半島において預言者ムハンマド（マホメット）によって成立。アッラーを唯一神とし，経典は「クルアーン（コーラン）」。東南アジアから西アジア，北アフリカを中心に信仰されている。

❸ **仏教★3** 紀元前5世紀，釈迦によって成立。もともとインドで成立したが，現在のインドではヒンドゥー教が中心。インドシナ半島から東アジアで信仰されている。

★1 キリスト教の宗派
①カトリック（旧教）…ラテン民族と中南アメリカ中心。
②プロテスタント（新教）…ゲルマン民族と北アメリカ中心。
③正教会…スラブ民族とギリシャ，東ヨーロッパ中心。

★2 イスラームの宗派
①スンナ派…80％以上を占める多数派。自らを正統派と称する。
②シーア派…少数派。イランが中心。

▲キリスト教の教会(フランス)

▲イスラームのモスク[礼拝堂]
　(トルコ)

▲仏教の寺院(タイ)

2 民族宗教

　世界宗教に対する語で，一般に創唱者（そうしょうしゃ）が知られず，民族の成立とともにでき，その民族と深く結びついた宗教。インドのヒンドゥー教，イスラエルのユダヤ教，日本の神道（しんとう），中国の道教（どうきょう）などがあげられる。

3 原始宗教（げんし）

　万物に霊魂を認めて敬うアニミズム，精霊（せいれい）につながる巫女（みこ）（シャーマン）を中心としたシャーマニズム，自然物を祖先神（そせんしん）として祭るトーテミズムなどがある。

★3 仏教の宗派
①上座部仏教（南伝（なんでん）仏教（じょうざぶ））…スリランカ，インドシナ半島でさかん。
②大乗仏教（北伝仏教（だいじょう）（ほくでん））…中国，朝鮮半島を経て日本へ伝来。

補説 世界の諸宗教　宗教の分類法として，その成立と地域への広がり方によってわける方法や，信仰の対象によって分ける方法などがある。前者には世界宗教や民族宗教，後者には一神教や多神教，自然崇拝などがある。いずれも，歴史の中で人々のよりどころとなって発展したが，ときには紛争のもととなることもあり，異なる宗教間・宗派間や，政治権力との対立により争いがおこってきた。民族紛争には，宗教的な対立がからむことも多く，解決が難しくなっている。

キリスト教	
カトリック……	バチカン，エルサレム
プロテスタント……	(とくになし)
正教会………	イスタンブール，モスクワ
イスラーム………	メッカ，メディナ，エルサレム
	コム(シーア派)
仏教………	ガヤ(ブッダガヤ)，ルンビニー
ヒンドゥー教……	ヴァラナシ(ベナレス)
ユダヤ教………	エルサレム
チベット仏教……	ラサ

▲おもな宗教の聖地または宗教都市

POINT!
①世界宗教は地域や民族への広がりによるもので，信仰する人の数の多さではない。
②世界宗教の仏教より，民族宗教のヒンドゥー教の方が信仰する人の数が多い。

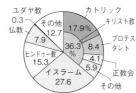
ユダヤ教 0.3
仏教 7.9
その他 12.7
ヒンドゥー教 15.3
イスラーム 27.6
36.3% キリスト教
カトリック 17.9%
プロテスタント 8.4
正教会 4.1
その他 5.9

▶世界の宗教別人口の割合　(「The WorldAlmanac 2021」による)

2│宗教と生活文化

1 宗教と食生活

　宗教は人々の社会的な規範を形づくったりすることが多いが，なかでも食生活に大きく影響する。おもな宗教の具体例をみてみる。

▲ムスリム（イスラーム教徒）向けのハラール肉を売る肉屋
　ムスリム[1]は，豚肉を忌避し，食べない。一度調理したフライパンも使えない。そのほか，アルコール類も不可。宗教的に認められた方法で処理や調理された食品をハラールフードという。

▲関西空港の蕎麦屋
　日本にもムスリムの旅行者が増加しており，ハラール認証を取得している。そばつゆにもみりんが使えない。

◀インドのハンバーガーメニュー
　チキン中心で牛肉がない[2]。ヒンドゥー教徒は，牛を神聖視するので牛肉は食べない。牛乳は飲む。

日本の精進料理▶
仏教では，本来，肉や魚を食べてはならないとされているので，精進料理として菜食文化が守られている。

★1 ムスリムにとって宗教的に認められ，食べても問題ないものをハラールという。反対に食べるのが不可のものをハラームという。

★2 インドの牛肉の生産は約92万トン，日本は約48万トン（2020年）である。インドの人口（約13.8億人）の約20%はヒンドゥー教徒ではなく，牛肉を食べる。

　そのほか，ユダヤ教徒は，イカやエビ，カニなどを食べてはならないとされている。

2 世界宗教と日常生活 ★3

❶ **キリスト教**★4　ヨーロッパを中心に新大陸に広がっている。教会には十字架が掲げられ，聖書の教えに従って生活する。日曜日には仕事はせずに教会に行く。商店も日曜日には閉まる。

▲キリスト教のミサ

❷ **イスラーム**　西アジアから北アフリカ，中央アジアに広がっている。金曜日が安息日でモスクに行き礼拝する。聖典であるクルアーン（コーラン）に記された内容に従って生活する。

▲イスラームのモスクでの礼拝

❸ **仏教**　仏教は，生きることの苦しみから解放されるために「悟り」を修行によって獲得するというもの。上座部仏教は，基本的に自分が修行し「悟り」を開くことを目的とする。これに対し大乗仏教は，多くの人を救っていくなかで「悟り」を開くことを目的としている。

★3 宗教的なタブーは社会規範であると同時に自らの心の問題である。世界がグローバル化する中で，厳格なタブーが薄れることも多い。

★4 キリスト教の聖職者の名称に，神父，司祭，牧師がある。神父と司祭は同じ人（神父は敬称，司祭は役職名）で，カトリック教会と東方正教会の聖職者。牧師はプロテスタント教会の教職者。

3

世界の言語・宗教と生活文化

⌐ TOPICS ⌐

托鉢

▲日本の托鉢

▲タイの托鉢

　修行僧が各家庭を回り，食べ物を鉢に入れてもらう。タイなどの仏教国では，早朝，托鉢が行われる。日本でも行われているが，托鉢は僧侶の修行と同時に信者に対して功徳を積む機会を与えているので，信者は食べ物を渡して感謝する。僧侶は「ありがとう」とは言わない。

③ ムスリムの生活

　イスラームでは，生活のほとんどが聖典のクルアーン(コーラン)に基づいて行われる。★5

　1日に5回，聖地メッカに向かって礼拝をする。また，ラマダーン月(イスラム歴9月)には断食をする。★6 さらに，一生に一度，メッカに巡礼をする。★7

▲メッカ巡礼　サウジアラビアのメッカのカーバ神殿

▲ホテルに示されたキブラ

★5 クルアーン(コーラン)には，ムスリムが行うべき5つの行い(①信仰告白②礼拝③断食④巡礼⑤喜捨)が記されている。

★6 日の出から日没まで，妊婦や病気などの人以外，一切の飲食を断つ。

★7 礼拝を行うメッカの方向のことを，キブラという。ムスリムが多く宿泊するホテルには，キブラが示されている。

④ ヒンドゥー教徒の生活

❶ヒンドゥー教では，殺生を禁じ，菜食主義を基本とし，とくに牛は食べない。多くの神を信じ，ガンジス川の聖地ヴァラナシでは，各地から来た信者が沐浴をする。★8 輪廻転生を信じ，死後火葬した灰はガンジス川に流す。

❷カースト制度　ヒンドゥー教における身分や職業の制度。ヴァルナ(色を意味する)という身分制度があるが，実際には社会集団であるジャーティがカーストの基礎となっている。ジャーティは「生まれ」によって決定され，職業とも結びつき世襲される。婚姻も同じジャーティ内で行われる。

★8 とくに聖地ヴァラナシでは，各地から来た信者が朝日に向かって沐浴し祈る。

▲ガンジス川で沐浴する人々

③ | 歴史的背景と生活文化

1 大航海時代と生活文化

　15世紀ごろからヨーロッパ人が香辛料などを求めてアジアをはじめ世界中を航海し，アメリカ大陸やオセアニアを「発見」していく。そして現地の人々を支配し，鉱山開発やキリスト教の布教を行っていった。ヨーロッパ人が持ちこんだ感染症や過酷な労働で現地の労働力が不足すると，奴隷としてアフリカから人々を送りこんだ。

　アメリカ大陸には，インカ帝国やアステカ王国など，先住民による高度な文明が築かれていたが，スペイン人によって滅ぼされた。残された人々のそれまでの伝統的な生活文化は，ヨーロッパ人の入植によりヨーロッパ風に変化していった。一方，ヨーロッパでは，アンデス諸国から持ち帰ったジャガイモやトマトなどが広まることで，その後のヨーロッパの食生活を豊かにしていった。

◀イタリア，ナポリのピザ
ピザやパスタに欠かせないトマトは，新大陸からもたらされたものである。

2 欧米諸国による植民地化

　19世紀ごろから欧米による植民地化が本格化し，現地の伝統的な生活文化は大きく変化した。

　とくに中南アフリカは，奴隷貿易で村やその生活基盤などが破壊され，その後の発展を阻害した。

　アジアでも，鉱山開発やプランテーションの労働力として周辺国から移住した人々が独立後もそのまま残り，多民族国家となっている国も多い。

★1　1492年，インドを目指していたコロンブスは現在のバハマにあるサンサルヴァドル島に到着し，未知の大陸であったアメリカ大陸を発見するきっかけとなった。

▲コロンブスによる「アメリカ大陸発見」の版画

★2　じゃがいもやさつまいも，とうもろこしは，いずれも中南アメリカ大陸のアンデス地方が原産。じゃがいもはジャガタライモ（インドネシアのジャカルタ），さつまいもは中国から江戸時代に薩摩地方に導入されたもの，とうもろこしも中国の唐が語源。一度ヨーロッパに伝わったものがアジアを通じて日本に伝播した。

3

世界の言語・宗教と生活文化

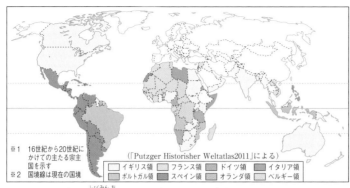

※1　16世紀から20世紀に
　　かけての主たる宗主
　　国を示す
※2　国境線は現在の国境

（「Putzger Historisher Weltatlas2011」による）

| イギリス領 | フランス領 | ドイツ領 | イタリア領 |
| ポルトガル領 | スペイン領 | オランダ領 | ベルギー領 |

▲ヨーロッパ諸国の植民地だった歴史をもつ国・地域

③ ラテンアメリカの生活

　ラテンアメリカでは，移住した白人，先住民のインディヘナ，労働力として導入したアフリカ系人種，などの混血がすすんでいる。

▶ヨーロッパ系と先住民の混血を
メスチソ（メスチーソ），ヨーロッパ系とアフリカ系の混血をムラートという。

混血

アフリカ系
（黒人）　→　ヨーロッパ系と
アフリカ系の
混血
（ムラート）　←　ヨーロッパ系
（白人）

アフリカ系と
先住民の混血　　　　　（メスチーソ）
ヨーロッパ系と
先住民の混血

先住民

┌ TOPICS ┐

融合の音楽

　ジャマイカのレゲエ，ブラジルのサンバ★4などは，アフリカ系の人々が持ちこんだ音楽に，欧米系の音楽が融合して生まれたものである。

▲リオのカーニバル

　ラテンアメリカの多くの国では，19世紀以降植民地から独立し奴隷制が廃止されたことで労働力が不足し，ヨーロッパ諸国とともに日本からも移民を受け入れた。とくにブラジルでは20世紀の初めから戦前にかけて年間1万人以上が日本からブラジルに渡った。

　1990年以降，日本での日系人の単純労働が認められ，多くの日系ブラジル人が日本で働いている。

▲群馬県大泉町のサンバチーム
群馬県大泉町や静岡県浜松市などでは，工場労働者として，市や町が積極的に日系人を受け入れている。

★3　アジア諸国には，欧米による植民地時代に，中国南部の華南地方から移住した華僑（華人）が多い。華僑（華人）はおもに労働力として移住した。

　スリランカではイギリスの植民地時代にとくに茶のプランテーション労働力として移住したインド系ヒンドゥー教徒のタミル人が多く居住し，現地の仏教徒のシンハリ人と長く対立してきた。

★4　リオデジャネイロのカーニバルは，キリスト教のとくにカトリックの謝肉祭の習慣と，ブラジルのサンバのリズムが融合して現在の形になった。

4 中南アフリカの生活

　サハラ以南のアフリカ諸国の多くは1960年代に独立を果たすが，産業などは多くが植民地時代のまま引き継がれた。そのため，プランテーションによる商品作物や鉱産資源など1～2種類の輸出に依存する，モノカルチャー経済（⇒p.128）の国が多くなった。

　また，アフリカには植民地分割のときのなごりで，直線的に引いた人為的国境が多いが，民族の分布を無視しており，内戦などの要因になることもある。

★5 ギニア湾岸諸国では，カカオの生産がさかんである。ガーナはかつてはカカオのモノカルチャーの国であったが，現在では石油製品や金なども輸出し，多角化をすすめている。

▲カカオ収穫の様子

▲人為的国境によって分断された民族集団の居住地

POINT!

　モノカルチャー経済…輸出品の国際価格の変動や，作物の凶作などに一国の経済が左右されやすく，**経済的に不安定**。→多角化をすすめる。

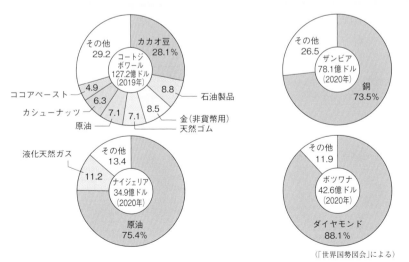

▲サハラ以南アフリカの輸出品　アフリカの一部の国では，モノカルチャー経済がみられる。

4 ≫ 世界の産業と生活

まとめ

① 産業の発展 ☞ p.125

☐ **農業**

・自分たちや小さな社会だけで消費する自給的農業が，都市労働者の需要が高まり商業的農業に発展。さらに新大陸では大規模で機械化がすすんだ企業的農業が出現。

・品種改良・土壌改良…栽培限界を克服して農作物を栽培する。

・ヨーロッパから発展した農牧業…混合農業，酪農，園芸農業，地中海式農業。

・プランテーション農業…おもに欧米の宗主国が，現地の安い労働力を使って，輸出目的に贅沢品を中心に栽培させる農業。

☐ **工業**

・産業革命…18世紀後半のイギリスではじまる。石炭や機械を使用することによって生産技術が飛躍的にのび，社会や経済を大きくかえた。

・新興工業経済地域(NIES)…植民地から独立を果たした中進国の中でも，とくに工業化がすすんだグループ。

・産業の空洞化…先進工業国で，労働賃金の安い発展途上国に工場を移転する傾向が強まり発生。

☐ **産業の発展とICT**

・日本をはじめアメリカ合衆国や西ヨーロッパの先進国では，より付加価値の高い先端技術産業などへの転換がみられる。

☐ **時代の変化と産業**

・ソ連の解体…1991年12月に独立を宣言した各共和国が，新しくゆるやかな協力組織として独立国家共同体(CIS)を結成し，ソ連は解体。

・アジアNIES…アジアの新興工業経済地域。韓国，シンガポール，台湾，香港をいう。

・ヨーロッパ連合(EU)…1993年のマーストリヒト条約発効を受けて発足。単一通貨のユーロを導入。2004年以降，東ヨーロッパ諸国が加盟。2020年にイギリスが離脱した。

産業の発展

▶ 世界の農業や鉱工業は，人々の生活とともに発展してきた。世界各地で特徴のある農業や鉱工業がみられる。そしてグローバルに世界がつながった新しい時代になって，時代の変化に即した産業もみられる。各地の具体例もみていく。

1 ｜ 農業

1 世界の農牧業地域と農業の発展

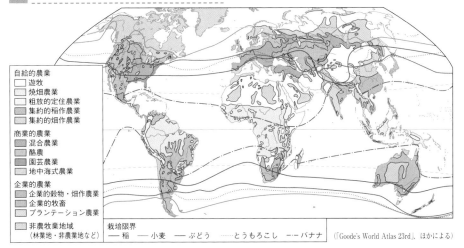

自給的農業
- □ 遊牧
- □ 焼畑農業
- □ 粗放的定住農業
- □ 集約的稲作農業
- □ 集約的畑作農業

商業的農業
- ■ 混合農業
- ■ 酪農
- ■ 園芸農業
- □ 地中海式農業

企業的農業
- ■ 企業的穀物・畑作農業
- ■ 企業的牧畜
- □ プランテーション農業
- □ 非農牧業地域
  （林業地・非農業地など）

栽培限界
　— 稲　　— 小麦　　― ぶどう　　……とうもろこし　― ―バナナ

（『Goode's World Atlas 23rd』、ほかによる）

▲世界の農業地域とおもな作物の栽培限界

狩猟や漁労，植物の採集経済を中心とした時代をへて，栽培を行う農業が始まった。初期の農業は，自分たちや小さな社会だけで消費する自給的農業であった。そののち産業革命を最初に成しとげたヨーロッパなどでは，都市労働者の需要が高まり商業的農業に発展していく。さらに新大陸では大規模で機械化がすすんだ企業的農業が出現する。

作物	おもな栽培条件
稲	積算温度2,400℃以上，十分な日照 年降水量1,000mm以上がよい
小麦	4か月は平均気温14℃以上 積算温度1,900℃以上 年降水量500〜750mm
天然ゴム	年平均気温26℃以上 年降水量2,000mm以上
コーヒー	年平均気温16〜22℃，霜をきらう 年降水量1,000〜3,000mm
綿花	生育期間18℃以上，収穫期に乾燥 無霜期間が年間で210日以上 年降水量500mm以上

▲おもな作物の栽培条件

2 農牧業地域の拡大

❶開拓 人口が増加すると新しい農地を開拓する必要が出てきた。例えば，西ヨーロッパでは中世を中心に，ブナの森を開拓して村落や畑地が形成されてきた。日本でも，江戸時代の新田集落などの例がある。開拓のための道具が進歩し，今まで利用されなかった低湿地や台地などにも農地が広がった。その他，北海道の屯田兵村，アメリカ合衆国の西部開拓，ブラジルのアマゾン地域の開発など，徐々に耕地を拡大させてきた。

❷灌漑 乾燥地帯の灌漑もすすんでいる。

1 **地下水路**…カナート(イラン)，フォガラ(北アフリカ)。

2 **外来河川**…ナイル川，ティグリス川，ユーフラテス川，インダス川。

3 アメリカ合衆国のセンターピボット，オーストラリアの被圧地下水。

❸品種改良，土壌改良 栽培限界を克服するためにしばしば品種改良や土壌改良が行われてきた。稲作には，収穫期に排水が必要なため，北日本に多い泥炭地などでは客土をして土壌改良を行う。

★1 中世のドイツやポーランドの開拓村を，林地村(林隙村)という。道路に沿って家屋が列状に並び，その背後に短冊状の耕地，草地，森林がみられる。

★2 北海道では稲の品種改良が明治時代からすすめられ，道北と道東を除いて，稲作が可能になった。さらに今ではブランド米も開発されている。

▲日本のブランド米

3 ヨーロッパから発展した農牧業

❶混合農業 中世の三圃式農業が発展して，家畜の飼料も輪作に組み込むことで，家畜の頭数をふやすことができた。また，家畜の排泄物が肥料となり，穀物の栽培量も増加した。

▲フランスの混合農業
輪作のため耕地の色がさまざま。

★3 作物栽培と家畜の飼育を組み合わせた農業。

POINT!

混合農業は，家畜の飼料も輪作に組み込むことで，家畜も穀物も生産性がのびた。→人口増加に対応できた。

❷**酪農**　乳牛を飼育して，乳製品を製造する。混合農業から発達した。

1 **酪農の立地条件**
▶自然条件：冷涼湿潤。牧草がよく育つ。
▶社会条件：都市近郊。腐りやすいため消費地の近くに立地。ヨーロッパでは北海沿岸，北米では五大湖周辺に分布している。

❸**園芸農業**　都市の需要にこたえて，野菜，花卉，果実などを狭い範囲で集約的に栽培する。

❹**地中海式農業**　地中海性気候(Cs)は夏に乾燥するので，夏の乾燥に耐え冬の雨を利用する農作物しか栽培できない。家畜の飼育に加え，冬作物の小麦栽培と，夏の乾燥に耐えるぶどう，オリーブ，果樹類などを栽培する。

4 企業的農牧業

　北アメリカ，南アメリカ，オーストラリアの3つのいわゆる新大陸には，ヨーロッパから16世紀以降に移住した人々がつくり上げた農牧業形態がみられる。移住した人々は，ヨーロッパに農産物を販売する目的で農地を拡大させていった。そのため，**大規模化や機械化などの，労働生産性が上がる農業形態**をつくり上げた。

❶**適地適作**　アメリカ合衆国では，その作物に適した気候の場所で栽培する傾向がみられる。これを適地適作という。そのため，小気候区ごとに作物が帯状に分布する。

▲北アメリカの農牧業

		労働生産性	
		高い	低い
土地生産性	高い	園芸農業	アジア式農業
	低い	企業的農牧業	焼畑農業

［青字は集約的農業］［赤字は粗放的農業］

▶労働生産性：単位時間あたりの生産性。
▶土地生産性：単位面積あたりの生産性。

★4　園芸農業は，都市近郊の近郊農業と，気候の有利な場所から輸送してくる遠郊農業(輸送園芸)に分けられる。遠郊農業では，促成栽培や抑制栽培が行われ，付加価値を上げる。

★5　鑑賞用の草花。

★6　地中海沿岸に分布する間帯土壌のテラロッサは，オリーブの栽培に適していることもあり，地中海沿岸で世界の約9割を生産している。

★7　企業は，利潤を追求するために，効率を上げ競争力を持ち続けることで成り立っている。このような発想で行う農牧業を企業的農牧業という。

4

世界の産業と生活

5 旧宗主国と農牧業

　熱帯のアフリカや東南アジア，南アジア，中南アメリカなどの植民地では，プランテーション農業[★8]が発達した。宗主国の栽培方針で農業が行われたので，**自給的な農業が行えず，食料難におちいる**こともある。また，独立後もプランテーションが残り，**輸出のほとんどが数少ない一次産品になってしまうモノカルチャー[★9]経済**となる国が多かった。

★8 おもに欧米の宗主国が，現地の安い労働力を使って，輸出を目的とした作物を栽培させる農業。

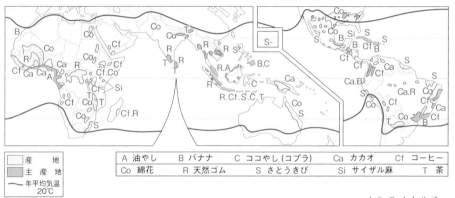

A 油やし	B バナナ	C ココやし (コプラ)	Ca カカオ	Cf コーヒー
Co 綿花	R 天然ゴム	S さとうきび	Si サイザル麻	T 茶

□ 産地　■ 主産地　— 年平均気温20℃

▲プランテーション地域の分布

　しかし，近年，農産物の多角化や工業化がすすみ，モノカルチャー経済の国は少なくなってきている。

★9 モノカルチャーという言葉は，文化・教養という意味以外に，栽培・養殖など一次産品と結びつく意味をもつ。

┤ TOPICS ├

モノカルチャー経済から多角化へ～ブラジル～

ブラジルは，かつてコーヒーのモノカルチャー経済の国であったが，1980年代以降，農業の多角化や工業化がすすみ，BRICS(⇨p.131)の1つに数えられている。

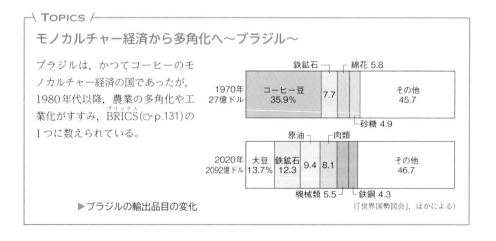

▶ブラジルの輸出品目の変化

（「世界国勢図会」，ほかによる）

2 ｜ 工業

1 産業の発展と生活

❶**産業革命以前**　人類は，はじめ，動物をとらえたり，植物を採集する，採集経済を営んでいたが，しだいに農牧業を行う生産経済へと発展した。やがて，人々は農牧業とともに，手工業で生活に必要なものをつくり出した。

❷**産業革命**　18世紀後半に，イギリスにはじまった産業革命は，石炭や機械を使用することによって生産技術が飛躍的にのび，社会や経済を大きくかえた。産業革命は，その後，フランス，ドイツ，アメリカ，日本などに伝わり，これらの国は，世界の中でいちはやく工業化をなしとげ，先進国とよばれるようになった。

❸**植民地経営**　ヨーロッパやアメリカの先進国は，アジア，アフリカ，ラテンアメリカの地域を植民地として，工業原料や，嗜好品などの供給地とした。たとえば，イギリスは，「世界の工場」とよばれ，インドなどから大量の綿花を供給させ，逆に，製品を植民地で売りさばいた。

　その結果，ほとんどの植民地は，一次産品を生産するモノカルチャー経済（⇨p.128）の地域となった。こうして，一方では，工業化された先進国が発展し，また他方では，それらから経済的に支配される，貧しい国が形成された。これが，今日の南北問題（⇨p.58）の大きな原因の１つとされている。

★1　生産経済は富を蓄積し，貧富の差が生まれた。

★2　それまでの手工業から，資本家が多くの労働者を工場に集め，分業で加工生産を行う工場制手工業（マニュファクチュア）が普及した。産業革命以降は，機械を導入した工場制機械工業へと発展し，同じものが早く大量に生産できる時代となった。

★3　国連は，国連貿易開発会議（UNCTAD）を常設し，南北問題を解決しようと試みている。

▲産業革命前期の工場

▲現在の工場

補説　**付加価値**　製品の生産額から原材料費，燃料費などを差し引いたもので，製造加工によって生み出された新しい価値をいう。工業では，一般に，一次産品を加工して新しい付加価値が生まれるので，経済が発展していく。また，工場の近代化でも付加価値が上昇する。

2 経済発展の水準

❶**国内総生産からみた国家の区分**　1人あたりの国内総生産（GDP）を基礎にして，発展途上国，中進国，先進国（先進工業国）などに区分。

① **発展途上国**　アジア，アフリカの多くの国々。この中には後発展途上国^{★4}とよばれる最も貧しい国々がある。

② **中進国**

▶**石油輸出国（産油国）**…OPEC の加盟国など。

▶**その他**…ラテンアメリカや南東ヨーロッパのいくつかの国々。

③ **先進国（先進工業国）**　西ヨーロッパのほとんどの国と，アメリカ合衆国，カナダ，日本，オーストラリアなど。

★4 後発展途上国は，国連の用語ではLDC（Least Developed Countries），OECD＝経済協力開発機構の用語でLLDC（Least among Less－Developed Countries）と表記される。発展途上国内における経済格差の拡大は，南南問題とよばれる。

先進国	（ドル）	中進国	（ドル）	発展途上国	（ドル）
スイス	86,919	サウジアラビア	20,110	中国	10,229
アメリカ合衆国	63,123	ハンガリー	16,129	タイ	7,189
シンガポール	58,114	ポーランド	15,764	インドネシア	3,870
オーストラリア	55,823	マレーシア	10,402	フィリピン	3,299
スウェーデン	53,575	ロシア	10,166	ナイジェリア	2,085
ドイツ	45,909	トルコ	8,538	インド	1,931
イギリス	40,718	アルゼンチン	8,476	ケニア	1,879
日本	39,990	メキシコ	8,326	パキスタン	1,167
フランス	38,959	ブラジル	6,797	エチオピア	840
韓国	31,947	南アフリカ共和国	5,094	コンゴ民主共和国	506

（「世界国勢図会」による）

▲1人あたりGDP（国内総生産）からみた世界の国々（2020年）
　上表は，1人あたり国内総生産の20,000ドルと10,000ドルをおよその基準に，先進国，中進国，発展途上国に区分している。ただし，この基準値は一例にすぎない。なお一般に，500ドル未満は最貧国という。

❷**国内総生産からみた国家と産業**　発展途上国（低所得国家群）は，第一次産業の人口率が高い^{★5}。これに対し，先進国（高所得国家群）は，第一次産業の人口率が10％程度と低く，第三次産業人口率が高いのが特徴（⇨p.132）。中進国とよばれている国の中には，植民地からの独立後，工業化をすすめ，成功している国がある。このうち，とくに工業化のすすんだグループは，新興工業経済地域（または新興工業国経済地域群）（NIES）とよばれている。

★5 60～90％ぐらいを占める。一般に，第一次産業の人口率が高いほど，国民総生産は少なく，貧しい。

★6 工業化途上国ともいわれる。

3 世界に広がる工業

❶多国籍企業の増加　世界の工業生産は，多国籍企業の戦略のもと，世界的な視点で行われている。工業製品は，ますます国を越えて流通するようになっている。

1 **1970年代**　輸出指向型の工業化（⤴p.58）をすすめた発展途上国に，先進国の大企業が多国籍化して進出。労働集約型の工業化がすすみ，アジアNIES（⤴p.135）が形成された。

2 **1980年代**　輸出指向型の工業化が，タイ，マレーシア，インドネシアなどASEAN諸国や中国でも進展した。

▶**アジアNIES**…労働集約型にかわり，資本集約型の工業へ転換。★7

▶**ASEAN諸国や中国**…労働集約型の工業が移ってきた。

3 **1990年代**　世界のグローバル化がすすんだ。企業活動や商品の流通などの経済活動では，国境という境界（ボーダー）が消失したような状況（ボーダーレス化）になっている。多国籍企業は，研究開発（R&D），生産などをそれぞれ★8世界各国の最適な場所に設置し，世界的な活動で利潤を追求している。

　　また先進工業国では，労働賃金の安い発展途上国に工場を移転する傾向が強まり，産業の空洞化がすすんだ。★9

4 **2000年代以降**　工業製品に使用する半導体や部品などを，1つの国で作ることが少なくなり，サプライチェーンと★10よばれる供給網はグローバル化していった。そのような中で，BRICSとよばれる国が発展している。

補説　**BRICS**　ブラジル，ロシア，インド，中国に加え，南アフリカ共和国の頭文字をとってこうよばれている。

★7 衣服や簡単な機械組み立てなど，比較的単純な工程が中心の労働集約型の工業は，労働者の賃金がより安いASEAN諸国や中国などへの移転がすすんだ。その一方で，鉄鋼や自動車など，資本集約型の工業が，先進国からアジアNIESへ移るようになった。1990年代以後は，半導体や電気機器など，知識集約型の機械工業を育成し，発展している。

★8 Research and (&) Development の略。

★9 国内の工場が海外移転し，工業生産額が減少していくこと。

★10 その製品が，原料の段階から消費者に至るまでのすべての過程のつながりのこと。供給網。

4

世界の産業と生活

順位*	企業名	本社所在地	業種	総売上
1	ウォルマート	アメリカ合衆国	小売	5,728億ドル
2	アマゾン	アメリカ合衆国	インターネットサービス・小売	4,698億ドル
7	アップル	アメリカ合衆国	コンピュータ・事務機器	3,658億ドル
13	トヨタ自動車	日本	自動車	2,793億ドル
18	サムスン電子	韓国	電気・電子機器	2,443億ドル
20	鴻海精密工業	台湾	電気・電子機器	2,146億ドル

▲世界のおもな多国籍企業（2021年）　　*全企業の総売上順（「Fortune Global 500 2022」による）

3 | 産業の発展とICT

1 先進国の脱工業化社会

　20世紀に工業化した多くの先進国は，産業のグローバル化にともない，工場が労働賃金の安い発展途上国に移転し，脱工業化社会への移行がすすんでいる。日本をはじめアメリカ合衆国や西ヨーロッパの先進国では，より付加価値の高い先端技術産業[1]などへの転換がみられる。また，多様化した産業が発達することで，第三次産業従事者の割合が高くなる。

★1 ICT（情報通信技術）の他に，遺伝子組換え技術などのバイオテクノロジー，半導体技術やコンピュータ関連のエレクトロニクス産業，航空機・宇宙産業などをいう。

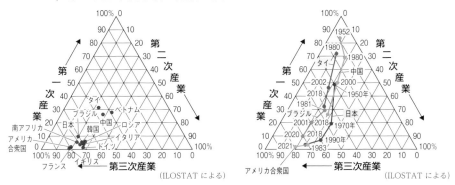

▲おもな国の産業別人口構成
▲おもな国の産業別人口構成の推移

多くの国では産業の発達にともなって，第一次産業から第二次産業に移行し，やがて第三次産業の割合が高くなる。

2 日本のコンテンツ産業[2]

　日本でも，第三次産業の割合（約70％，2020年）が高くなっているが，日本は，ゲームやアニメなどを製作するコンテンツ産業が発達し，多くの国に輸出するなど競争力が強い。

★2 映像（映画，アニメ），音楽，ゲーム，書籍等の制作・流通を担う産業の総称。

▲ジャパンエキスポ・パリ　ジャパンエキスポは，2000年からフランスやアメリカなどで開催されている，日本文化の総合博覧会。なかでもパリは世界最大級の規模。

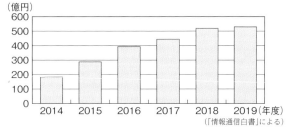

▲日本のコンテンツ産業（放送系）の輸出額

❸ 世界のICT産業

　私たちの生活に欠かせないインターネットでは，パソコンやスマートフォンを利用して世界中の情報を検索でき，商品の購入やSNS[★3]などを利用することができる。これらの多くはアメリカ合衆国で開発されたものである。世界中で同じ技術を利用することで情報通信が成立する。開発したICTが世界標準になれば，莫大な知的財産使用料が発生することになる。

★3　ソーシャル・ネットワーキング・サービス。多くの人に情報を発信することができる。

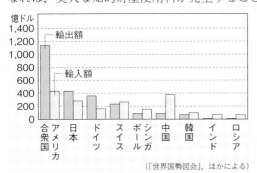

◀おもな国の知的財産使用料（2020年）
ICT分野で特許登録された技術は，知的財産使用料の国際取引が行われている。

（「世界国勢図会」，ほかによる）

4
世界の産業と生活

Google　Apple　Facebook*　Amazon

▲アメリカ合衆国のおもなICT企業
　頭文字をとってGAFAとよばれている。

＊2021年にメタ・プラットフォームズ(Meta)に社名変更した。

$\dashv$ **TOPICS** $\vdash$

ICTを活用した食品ロス削減

　食品のサプライチェーンには「賞味期限までの期間で納品や販売をしない」という慣習がある。これを食品ロス削減の観点から見直す動きがあるが，同時にICTを活用し，企業と消費者をマッチングしたり，気象情報と組み合わせて需要の予測をしたりすることなどもすすんできている。

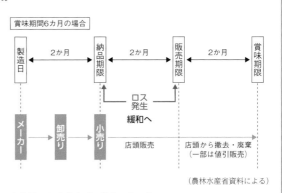

▲食品ロスを生む「3分の1ルール」

4 | 時代の変化と産業

時代の変化にともなって産業構造が変化することで，その国に暮らす人々の生活が大きく変化している。

1 ロシア

❶ソ連の解体　共産党による政治，経済は次第にゆきづまり，民主化，自由化が必要になった。1985年に登場したゴルバチョフ政権はペレストロイカやグラスノスチ[★2]をすすめ，企業の自主性の拡大，市場原理の導入をはかった。しかし国内経済は好転せず，1991年9月，バルト三国[★3]が独立し，12月には独立を宣言した各共和国が，新しくゆるやかな協力組織として独立国家共同体(CIS)[★4]を結成し，ソ連は解体した。

❷ロシアの成立による変化　旧ソ連の社会主義政策による計画経済，国有化，集団化などの方針は，全面的に改められた。

1. 1980年代後半から，市場経済への移行など，経済の自由化がすすめられた。しかし，物価の上昇や生活物資の不足などが起こり，経済や生活に混乱をまねいた。
2. 2000年代以降，石油や天然ガスの開発がすすみ，経済の高度成長がはじまった[★5]。また，欧米諸国からの投資も増加した。
3. 農業面では，コルホーズとソフホーズが解体し，企業や，菜園つきの別荘(ダーチャ)での個人による生産へと変化している。

▲ダーチャ

POINT!
旧ソ連…1991年に解体。15の共和国に
　　　→独立国家共同体(CIS)ができる。
　　　　ロシアでは計画経済→市場経済。混乱後，資源開発で回復。

★1 ソビエト社会主義共和国連邦が正式国名。1917年のロシア革命で，共産党が政権を独占する社会主義のソ連が成立した。15の共和国による連邦国家であった。

★2 ペレストロイカは立て直し(改革)，グラスノスチは情報公開の意味。

★3 エストニア，ラトビア，リトアニアの3か国。

★4 バルト三国を除く12か国が順次加盟したが，ジョージアが2008年，ウクライナが2014年脱退，トルクメニスタンが2007年準加盟で，2022年現在9か国が正式加盟。

★5 富裕層が増加した反面，低所得層がふえている。また，地域間の経済格差も深刻。

2 韓国や中国

❶東アジアの発展　東アジアでは，20世紀の後半以降，急激に工業化がすすんだ。最初に高度経済成長を成し遂げた日本は，1960年代には先進国の仲間入りを果たした。1970年代には，外国からの資本や技術を導入した4つの国や地域がアジアNIES★6とよばれるようになった。2000年ごろからは，中国に投資がすすみ，多くの工業製品の生産国となっていった。

❷韓国の発展と生活の変化

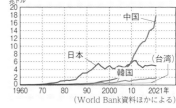

★6 アジアの新興工業地域。韓国，シンガポール，台湾，香港をいう。

▲東アジアの国・地域のGDPの推移

1　**農業の変化**　1970年代から，セマウル(新農村)運動による農村振興をはかった。しかし，近年中国からの安い輸入農産物の影響で，農家は経営難に。米は自給しているが，食料自給率は50%以下。

2　**急速な工業化**　1960年代から安価な労働力を利用して，輸出用の繊維や雑貨などの軽工業製品を生産。1973年からは重化学工業の発展を目指し，その過程で財閥が形成された。ウルサン(船舶，自動車，石油化学)，ポハン(鉄鋼)，マサン(機械)など多くの工業都市が生まれ，アジアNIESの代表とされた。★7

3　**経済発展と生活**　高度成長を続けたが，1980年代後半には賃金が上昇，輸出競争力が低下した。1997年からのアジア通貨危機★8では大きな打撃を受け，政府は財閥改革などをすすめた。その後，半導体，家電などの分野で**海外市場を開拓**し，★9活力を取り戻した。

韓国では儒教に基づく先祖・家族関係を重んじるが，都市化の進展にともない人々の生活も変化している。★10仏教やキリスト教信者も多い。

補説　**ハングル**　朝鮮半島固有の文字であるハングル(朝鮮文字)は，1446年に当時の李朝の王であった世宗の命によってつくられた。10の母音記号と19の子音記号を組み合わせた合理的な表音文字で，現在では，漢字にかわって韓国，北朝鮮ともに広く普及している。

❸中国　1949年に成立した中華人民共和国は，計画経済のもと産業は国有化や集団化で活動していた。しかし，生産性の低下や生活水準の停滞が起き，1970年代から農家に自由度を認める生産責任制が導入された。工業分野でも郷鎮企業が

★7 韓国経済は「ハンガン(ハン川，漢江)の奇跡」といわれるほど成長し，NIESの優等生ともいわれる。

★8 1997年からタイ，マレーシア，韓国などのアジア諸国の通貨価格が暴落した現象。株価暴落や企業倒産など，経済に深刻な打撃を与えた。韓国では国際通貨基金(IMF)の援助を受けた。

★9 農民から大きな反発があったが，2011年アメリカと自由貿易協定(FTA)を締結した。

★10 インターネット普及率が高く，大学への進学率が100%に近い。

★11 郷(村)や鎮(町)の中で，集団で経営する工場や商店のこと。

設立された。1993年には社会主義市場経済
が導入され，外国資本も積極的に導入し個
人経営も認めた。その結果，世界中の多く
の工業製品が中国で生産されるようになり，
「世界の工場」といわれた。さらに経済発展
にともなって生活水準が上がり豊かになっ
た中国は，購買力も上がり「世界の市場」
とよばれるようになっている。

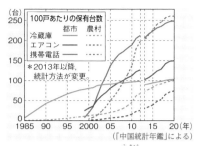

▲中国における家電製品の普及

3 EU諸国

❶EUの歩み　ヨーロッパ諸国
は，伝統的に独自の文化を
もつ国が多く，歴史的に対
立もしてきたが，第二次世
界大戦後の復興の中で国家
間で協力するようになって
いった。1952年，ベネルク
ス三国(ベルギー，オランダ，
ルクセンブルク)にフランス，
イタリア，西ドイツ(当時)
の6か国でECSCが発足し，
石炭や鉄鋼は国境を越えて
関税なしで共同管理するこ
とになった。その後ECとな
り，また加盟する国もふえ
ていった。

年	事項
1952	ヨーロッパ石炭鉄鋼共同体(ECSC)が発足
1958	ヨーロッパ経済共同体(EEC)が発足
	ヨーロッパ原子力共同体(EURATOM)が発足
1967	ヨーロッパ共同体(EC)が発足
1973	イギリス，アイルランド，デンマークが加盟
1981	ギリシャが加盟
1986	スペイン，ポルトガルが加盟
1990	東西ドイツ統一によって東ドイツ地域も加わる
1993	ヨーロッパ連合(EU)が発足
1995	シェンゲン協定の施行
1999	ユーロ導入
2002	ユーロ流通開始
2004	エストニア，ラトビア，リトアニア，ポーランド，チェコ，スロバキア，ハンガリー，スロベニア，マルタ，キプロスが加盟
2007	ブルガリア，ルーマニアが加盟
2013	クロアチアが加盟
2016	イギリスの国民投票で過半数がEUからの離脱を支持
2020	イギリスが離脱

▲EUの歩み

　1993年には，マーストリヒト条約が発効したこと
でヨーロッパ連合(EU)が発足し，市場統合が開始さ
れた。

　1999年には単一通貨のユーロが導入され，2002
年からは実際に流通が開始された。

　2004年以降には，旧社会主義国の東ヨーロッパ諸
国の一部も加盟していく。

　2020年にはイギリスが離脱し，**加盟国は27か国
である**(2022年現在)。

▲EU加盟国の拡大
(イギリスは2020年離脱)

❷生活の変化

1 **シェンゲン協定**　協定締結国内では，国境でのパスポートの提示なしで通過することができる。EU加盟国の22か国と非加盟国4か国が導入。

2 **単一通貨ユーロ導入**　EU加盟国のうち20か国が導入。通貨の両替の手間と手数料がなくなった。

3 **市場統合**　人の移動だけでなく，物，資本，サービスなども国境を越える移動が自由になった。

▶ **関税がかからない**。国境がなくなったわけではなく，それぞれが独立国であるが，市場が統合された。通勤や買い物も自由に移動できる。

4 **東ヨーロッパへの投資**　比較的労働賃金の安い東ヨーロッパに，工場などを建設する傾向がみられる。東ヨーロッパの国では投資により労働機会が得られ，生活水準の向上が期待される。生産される製品の経費も抑えられるので企業の競争力も上がる。

EUの特徴
①国境を越えての移動が自由で，関税もない。
②仕事の資格が共通なので，他の加盟国でも働くことができる。
③製品の規格が同じなので，他の加盟国でもそのまま使える。
④他の加盟国の大学の授業を受けても，単位や卒業資格がとれる。

▲EUの特徴

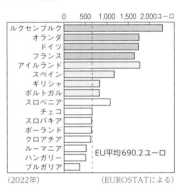

(2022年)　　　　　　(EUROSTATによる)

▲EU諸国における1か月あたりの最低賃金

4　世界の産業と生活

─ TOPICS ─

エアバス社の国際分業

エアバス社は，部品を各国で製造し，フランスのトゥールーズなどで組み立てる。

(A350XWB & AIRBUS Familyによる)

5 ≫地球的課題と国際社会

まとめ

① 地球環境問題 ☞p.139

☐ さまざまな地球環境問題

- ・持続可能な開発目標(SDGs)…2030年までに持続可能な世界を目指す国際目標。
- ・熱帯林の破壊,砂漠化,地球温暖化,オゾン層の破壊,海洋汚染などが深刻化。

② 資源・エネルギー問題 ☞p.144

☐ 世界のエネルギー資源・鉱産資源／エネルギー問題

- ・エネルギー革命…石炭などの固形燃料から,石油,天然ガスなどの流体燃料へ。
- ・石炭,石油,天然ガスなどの化石燃料は,産地に偏りがあり,有限。

③ 人口・食料問題 ☞p.150

☐ 世界の人口と人口問題／世界の食料需給と食料問題

- ・発展途上国…人口爆発により食料問題,エネルギー資源の枯渇,環境問題,都市問題が発生。食料不足の背景には嗜好品や飼料用穀物の生産もある。
- ・先進国…高齢化が進行。農作物の過剰生産。自給率の低下←日本でも著しい。

④ 都市・居住問題 ☞p.156

☐ 都市の発達／都市問題と再開発

- ・先進国…世界都市(グローバルシティ)が出現。過密により都市公害,住宅・交通問題などが深刻化。スプロール現象,ドーナツ化現象,インナーシティの問題も。
- ・発展途上国…首都などの特定都市に,産業や情報が突出して集中。スラムの拡大,スクオッター(不法占拠地区)の形成などが問題化。
- ・先進国,発展途上国を問わず,再開発によって都市問題の解決をはかる。

⑤ 移民・難民問題 ☞p.162

☐ 歴史的背景と人の移動

- ・人口移動…移住,開拓,出稼ぎ,強制連行,難民など経済的・政治的理由で発生。

☐ グローバル化と移民・難民問題

- ・アメリカ合衆国ではヒスパニックの不法移民,南アジアではロヒンギャ難民の問題が激化。シリアでは「アラブの春」以降の内戦で多くの難民が発生。

1 地球環境問題

▶ 世界では，より良い生活を求めて人々が活動する中で，さまざまな地球的課題が発生している。持続可能な開発を行うための行動を考えていくことが必要となっている。

1 さまざまな地球環境問題

1 相互に関連

環境問題は，個々の問題がさまざまな形で関連しあっているが，その根本的な原因は人間の活動があらゆる分野で拡大してきた点にあり，それは主として先進国を中心に経済活動が高まってきた点にある。その一方で，発展途上国では，貧困，人口急増と都市集中があり，さらには国際的な相互依存関係の拡大が背景にある。

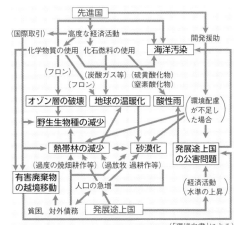

（「環境白書」による）

▲地球環境問題の相互関連

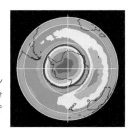

▶南極上空のオゾンホール

オゾン層にあいた穴のこと。白〜灰色の部分がオゾンホール。NASAの分析（2011年10月）による。国際的なフロン排出規制の成果により，現在では縮小傾向にある（⇨p.143）。

2 地球的課題の解決をめざして

先進国と発展途上国の経済格差である南北問題や，発展途上国の中での格差である南南問題などの解決に向けて，先進国は発展途上国に対して政府開発援助（ODA）などを行い，おもに社会インフラの整備を援助している。人的な援助としては，青年海外協力隊など，地球的課題の解決に向けてさまざまな努力をしている。

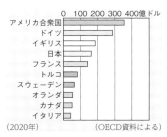

▲政府開発援助（ODA）の上位出資国

5 地球的課題と国際社会

3 持続可能な開発目標（SDGs：Sustainable Development Goals）

　2015年9月の国連サミットで採択された「持続可能な開発のための2030アジェンダ」に記載された，2030年までに持続可能でよりよい世界を目指す国際目標。17のゴール・169のターゲットから構成され，地球上の「誰一人取り残さない（leave no one behind）」ことを誓っている。SDGsは発展途上国のみならず，先進国自身が取り組むユニバーサル（普遍的）なものであるとしている。

1　貧困をなくそう	2　飢餓をゼロに	3　すべての人に健康と福祉を
［貧困］　あらゆる場所あらゆる形態の貧困を終わらせる。	［飢餓］　飢餓を終わらせ，食料安全保障や栄養の改善を実現し，持続可能な農業を促進する。	［保健］　あらゆる年齢のすべての人々の健康的な生活を確保し，福祉を促進する。
4　質の高い教育をみんなに	5　ジェンダー平等を実現しよう	6　安全な水とトイレを世界中に
［教育］　すべての人に公正で質の高い教育を確保し，生涯学習の機会を促進する。	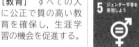［ジェンダー］　男女平等を達成し，すべての女性や女児が能力を発揮し行動できるようにする。	［水・衛生］　すべての人々の水と衛生の利用可能性と持続可能な管理を確保する。
7　エネルギーをみんなにそしてクリーンに	8　働きがいも経済成長も	9　産業と技術革新の基盤をつくろう
［エネルギー］　すべての人々が，安くて信頼できる持続可能で近代的なエネルギーを確保できる。	［経済成長と雇用］持続可能な経済成長と，すべての人々が人間らしく，生産的で働きがいのある雇用をつくる。	［インフラ，産業化，イノベーション］　強いインフラ構築，持続可能な産業化の促進と技術革新の推進を図る。
10　人や国の不平等をなくそう	11　住み続けられるまちづくりを	12　つくる責任，つかう責任
［不平等］　国内や各国家間の不平等を是正する。	［持続可能な都市］安全かつ強靭で持続可能な，都市と人間の居住を実現する。	［持続可能な消費と生産］　持続可能な消費生産形態を確保する。
13　気候変動に具体的な政策を	14　海の豊かさを守ろう	15　陸の豊かさも守ろう
［気候変動］　気候変動とその影響を軽減するための緊急対策を講じる。	［海洋資源］　持続可能な開発のために，海洋・海洋資源を保全し，持続可能な形で利用する。	［陸上資源］　陸域生態系の保護，回復，持続可能な利用の推進，持続可能な森林の経営，砂漠化と土地の劣化に対処し，生物多様性の損失を阻止する。
16　平和と公正をすべての人に	17　パートナーシップで目標を達成しよう	
［平和］　持続可能な開発のための平和な社会を促進し，すべての人々が法や制度に守られる社会を構築する。	［実施手段］　持続可能な開発のための実施手段を強化し，地球規模の協力関係を活性化する。	

▲持続可能な開発目標（SDGs）の内容

2 | 熱帯林の破壊

1 熱帯林

　東南アジア，アマゾン川流域，コンゴ川流域では，熱帯林の茂る熱帯雨林気候の地域が広い。熱帯林は，世界の全森林面積の半分近くをしめる。ラワンやチークなどの有用材があり，海岸には特有のマングローブ林がみられる。

> 補説　マングローブは，熱帯地域の海岸や河口で，海水と淡水がいりまじる潮間帯に生育する低木。密生するため，海岸を固定させたり，魚介類を養う働きがある。樹皮は染料，果実は酒の原料にもなる。インドネシア，タイの海岸部では，近年，日本向けのえびの養殖池をつくったりするために，マングローブ林が広く伐採されている。一度伐採された所は，強い日光や雨のため，土地が荒れて植物が育ちにくくなるので，マングローブ林の再生には，困難がともなう。

2 熱帯林の破壊

❶過度の焼畑農業　自給的な焼畑農業は，次々と移動していくため熱帯林の再生が可能であるが，人口増加で移動が制限されることや商品作物を栽培することでより広い範囲の熱帯林が伐採されることなどから熱帯林の破壊がすすむ。

❷先進国への輸出　有用材として，日本をはじめ輸出量が多いことも要因の1つ。

3 | 砂漠化

1 砂漠化

❶砂漠化　気候変動や人為的な原因で，植生がなくなり砂漠にかわっていく現象。

❷砂漠化の原因　降水量の減少といったこと以外に，人為的要因として，①人口増加に対処するため，家畜の過放牧，無理な耕地利用（過耕作）による地力低下や表土流出，②燃料（薪）確保のための樹木の伐採などで，土壌中に水分が保持されなくなり，砂漠となる。また，③企業的農牧業地域では，粗放的な栽培による表土流出，塩害の発生による耕地の放棄などで，砂漠が広がっている。

❸おもな対策　技術援助や灌漑，植林事業がすすめられているが，あまり効果をあげていない。

★1 紅樹林ともいう。日本の南西諸島にみられるガジュマルもマングローブの一種。

5

地球的課題と国際社会

▲アマゾン川流域の熱帯林の伐採（上1990年，下2011年）伐採のあとが魚の骨のように見えるので「フィッシュボーン」とよばれる。

★1 1977年の国連砂漠化防止会議，1992年の地球サミット（国連環境開発会議）をへて，1994年に砂漠化対処条約が調印された。国連環境計画（UNEP）や国連食糧農業機関（FAO）が，砂漠化防止行動計画をすすめている。

▲世界のおもな地球環境問題

発展途上国

人口急増—過放牧，過耕作，燃料需要 → 砂漠化—温暖化

経済開発 { 木材輸出，燃料の確保 }　　→ 熱帯林の破壊
　　　　 { 道路やダムなどの建設 }

4 | 地球温暖化

1 温暖化とその原因

温暖化とは，地球の大気の温度が高くなること。石炭，石油などの化石燃料の燃焼の急増や，森林破壊による光合成量の減少で，大気中の二酸化炭素(CO_2)の量が増加している。また，大気中で分解されないフロンガスなどの増加でも，大気圏外への熱の放射がさえぎられ，温室効果をもたらす。

2 温暖化の影響

温暖化による今後の気温の上昇には，いろいろな予測がある。しかし，いずれにしろ，極地方の氷が融け，**海水面が上昇**するといわれ，沿岸部や高度の低い島は水没する可能性が高い。また，洪水の危険性が高くなったり，砂漠化や生態系の変化にも大きな影響を及ぼす。

★1 オランダ，スウェーデンなどでは，二酸化炭素(CO_2)の排出量抑制を目的に，二酸化炭素の排出量によって課税する環境税(炭素税)が導入された。

★2 全世界の平均気温は，現在のままの状態が続けば，2100年頃には1.7～4.4℃上昇し，海面は約50cm上昇するという試算もある。

石炭や石油の大量消費 < 酸性雨…森林枯死，湖の魚の死滅。

地球温暖化…海面上昇，生態系の変化。

フロンガスなどの使用 < オゾン層の破壊…生物への悪影響。

5 ｜ オゾン層の破壊

1 フロンガス[★1]

人工的に合成された物質で，冷蔵庫やエアコンの冷媒用，電子部品などの洗浄，スプレーガスなどに利用。

2 オゾン層の破壊

フロンガスは，直接人体に影響はないが，大気中では分解されにくく，20〜25km上空の成層圏のオゾン(O_3)層を破壊する。

そのため，地表に達する短い波長の有害な紫外線がふえ，皮膚がんの増加，地球の温度を上昇させるなど，地球規模での異常気象や生態系への影響がある。南極大陸上空では，季節によってオゾン層にあく穴(オゾンホール)が拡大した。[★2]

3 対策と課題[★3]

1987年の「オゾン層を破壊する物質に関するモントリオール議定書」で規定。先進国は1995年12月末で特定フロンの生産，消費を全廃した。また代替フロンの生産，消費も2030年には全廃となっていたが，その後2020年に前倒しされた。すでに，フロンを全く使わないノンフロンも使用され始めている。

6 ｜ 海洋汚染

1 世界中に広がる海洋汚染

陸地から流れ出る汚染物質，廃棄物，船舶から流れ出る油，油田の事故による原油の海洋流出など，海洋の汚染が深刻になっている。

2 プラスチックごみ

廃棄されたプラスチックが海洋に流れこみ，生態系や自然環境に悪影響を与えている。プラスチックは分解されにくいため，世界中でプラスチックの削減が呼びかけられている。

★1 フロンガスは1928年にアメリカで開発された。正式にはクロロフルオロカーボン類といい，塩素，フッ素，炭素などの化合物。いろいろな種類がある。

★2 2023年，国連環境計画(UNEP)などの団体は，「オゾン層が近年回復傾向にあり，南極上空のオゾン層は2066年ごろまでに1980年のレベルにもどる」と予想している。

★3 すでに使用されている特定，代替フロンの回収が重要で，法制化もされている。

5

地球的課題と国際社会

▲日本の海岸に漂着したごみ(島根県)

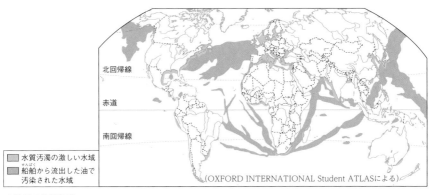

北回帰線

赤道

南回帰線

■ 水質汚濁の激しい水域
■ 船舶から流出した油で
　汚染された水域

(OXFORD INTERNATIONAL Student ATLASによる)

▲世界の海洋汚染

SECTION 2 資源・エネルギー問題

▶ 世界の人々の生活は，鉱産資源やエネルギー資源に依存している。このような資源の現状と将来の持続可能な資源のありかたについてみていく。

1 世界のエネルギー資源・鉱産資源

1 エネルギー資源とその推移

❶ **産業革命前のエネルギー資源**　奴隷による人力，家畜による畜力，風車や帆などの風力，水車による水力など，自然力に依存。

❷ **産業革命後のエネルギー資源**　まず，蒸気機関の発明によって石炭がエネルギー資源の主力となり，炭田開発から工業地域の形成もすすんだ。現在では，石油を中心に，石炭，水力，原子力や，電力などが，重要なエネルギー資源になっている。

❸ **エネルギー革命**　1960年代には，それまでの石炭から，石油，天然ガスなどの流体エネルギーの利用が，急速に増大した。このような，石炭などの固形燃料から，石油，天然ガスなどの流体燃料への変化を，エネルギー革命という。

❹ **将来のエネルギー資源**　地熱，風力，太陽熱，太陽光，潮力(潮汐)，バイオマス(生物資源)などの普及が期待される。

★1 石油は，1859年，アメリカのペンシルヴェニア州で，はじめて油井から採油され，利用が広まった。

★2 流体燃料のほうが輸送などで効率的なこと，国際石油資本が安価な石油を供給してその利用を働きかけたことなどによる。

★3 生物の活動を利用したエネルギー資源。例えば植物の発酵によってメタンガスやアルコールが得られる。

補説 **一次エネルギーと二次エネルギー** 化石エネルギーの石炭，石油，天然ガス，核エネルギーの原子力，自然エネルギーの水力，風力などを，一次エネルギーという。これに対し，石油，石炭，原子力，水力などの一次エネルギーを転換して得られる電力や，石炭をむし焼きにしてつくるコークス，薪をむし焼きにしてつくる木炭（炭）などを，二次エネルギーという。

/ TOPICS /

クリーンエネルギー

人類のエネルギー利用は，18世紀後半の産業革命期の石炭利用により一変し，大きなエネルギーの安定利用が可能となった。さらに19世紀後半からは石油の利用がはじまり，20世紀後半には世界の主要エネルギー源となった。一方，これら化石エネルギーは有限の資源であるため，これにかわるものとして1950年代には核分裂エネルギーを利用した原子力発電も実用化された。

しかし，石炭や石油は燃焼の際には亜硫酸ガスなどの有害ガスを発生し，また大気の温度を上昇させ生態系に影響を与えるなど，環境汚染の問題がある。原子力発電は放射能汚染が危惧され，深刻な環境公害問題をともなう。

近年，これらにかわるクリーンエネルギー（無公害エネルギー）として，太陽エネルギー，海洋エネルギー，地熱エネルギー，風力エネルギーなどの利用の研究がすすめられており，一部は実用化されている。化石エネルギーや水力，風力エネルギーなども，その源は太陽エネルギーに由来するものであるが，太陽熱や太陽光を直接利用する発電がすでに実用化されており，アメリカのカリフォルニア州のバーストーなどの太陽熱発電所が知られる。

地熱発電は地熱による高温高圧の蒸気で発電するもので，イタリアのラルデレロ，ニュージーランドのワイラケイの地熱発電所が有名で，わが国でも大分県八丁原などにある。

▲地熱発電所（大分県八丁原）

フランスのランス川河口のサンマロには，潮位差を利用した世界初の潮汐発電所がある。ランス川のエスチュアリ（三角江）（⇨p.80）を延長750mの堰堤でせき止め，最大14mの潮位差による潮流を利用したもので，1966年に建設された。

5

地球的課題と国際社会

2 おもなエネルギー資源

❶石炭　石炭は，地質時代に植物が地下に埋もれ，地圧と地熱の作用を受けて，長い間に炭化したものである。古生代の大森林に由来するものは，炭化がすすんでいて，おもな炭田は古期造山帯に多い。

	性質とおもな用途
無煙炭 （むえんたん）	品位が高い。家庭暖房用の燃料炭や，カーバイドの原料。
瀝青炭 （れきせいたん）	粘結性の強い強粘結炭はコークス用→製鉄に使うので，原料炭とよぶ。
亜瀝青炭 （あれきせいたん）	一般炭として，ボイラー用の燃料炭に使用。
褐炭 （かったん）	品位が低い。亜瀝青炭と同じ用途。

▲石炭の種類とおもな用途

❷石油

　1　**石油の分布**　石炭と同じ化石エネルギー資源ながら，地質構造上，おもに新しい褶曲構造の背斜部（⇔p.77）にあるため，分布は偏在。西アジアのペルシア湾沿岸やロシア，アメリカなどに多い。

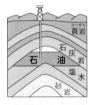

▲背斜部にある石油

★4 西アジアは，とくに埋蔵量が多い。また，1本の油井から採油される石油の量が多く，低コスト。

　2　**石油の開発と産油国**　高度の技術と資本が必要なため，先進国の多国籍企業であるメジャー（国際石油資本）が支配。開発，生産のほか，輸送（パイプラインやタンカー），精製，販売も，一貫して支配してきた。

❸天然ガス　天然ガスは，メタンを主成分とするので，燃焼時にCO_2排出量が少ない。化石燃料の中でのクリーンエネルギーとされている。

★5 天然ガスは石油にくらべて埋蔵量が多い。また，かつては採掘が困難であったが，近年採掘技術が向上し，資源化が可能になった天然ガスに，シェールガスがある。シェールガスは，地下深くのシェール（頁岩）の層に閉じ込められた天然ガスのこと。北米では膨大な量の天然ガス成分が採掘可能になった。

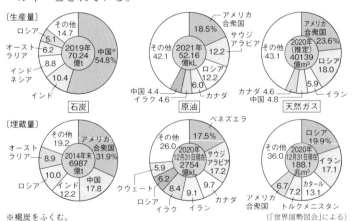

※褐炭をふくむ。

（「世界国勢図会」による）

◀エネルギー資源の生産量と埋蔵量

❹**ウラン鉱石**　ウラン鉱石は世界各地でとれる。石炭，石油，天然ガスに比べれば，少量から大きなエネルギーを得られ，またリサイクルが可能。しかし，放射能物質であるため厳しい安全管理が必要で，廃棄処分には大きな危険がともなう。

❺**再生可能エネルギー**　水力，太陽光，風力，波力，地熱，バイオマスのほか，森林の間伐材や食品廃棄物，家畜の排泄物などの燃料もふくまれる。

❻**色々なエネルギー資源から生まれる電力**　電力自体は，汚染物質を出さないクリーンなエネルギー。多くの国で，化石燃料を燃焼させる火力発電の割合が多い。カナダ，ブラジルは水力発電が多い。フランスは原子力発電中心。

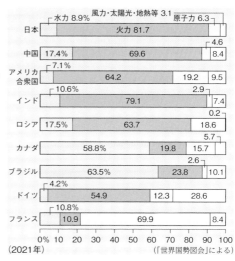

▲各国の電力生産の割合

3　水資源

　地球上の水のうち，海水が約97％で，陸水約３％のうち８割近くが氷河であり，人々の生活に利用できる水はごくわずかである。

　また，地球上の利用可能な水資源の分布は偏っており，世界の約１割の人が安全な水を確保できない，といわれている。

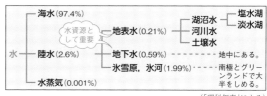

▲**水の分布**　水資源として重要なのは，地表水と地下水。なお，沖積平野の地下水は，軟弱な地層をささえる役目もあるため，地下水のくみ上げすぎは，地盤沈下につながることもある。

▲**安全な飲料水を確保できる人口の割合**
サハラ以南のアフリカやアジアの一部での割合が低い。

2 エネルギー問題

1 資源の偏（かたよ）り

　石炭，石油，天然ガスなどの化石燃料は，**産地に偏りがある**。そのうえ有限の資源である。

2 環境問題とのかかわり

　世界のエネルギー消費は，この50年で約4倍前後ののびとなっている。海洋汚染，地球温暖化など，さまざまな環境問題の要因となっている。

▲エネルギー資源の可採年数

3 エネルギーの産出国と消費国

　エネルギー資源は，特定の国に生産地が集中する一方で，消費は，欧米や日本，さらには経済発展が著（いちじる）しい中国やインドなどで多く，資源の権益の確保，貿易のありかたなど，国際的な対立にもなってきた。

原油価格の推移▶

　世界の原油生産に占めるOPEC（オペック）諸国の割合は石油危機後少し下がったが，その後増加し横ばい。石油の価格に大きな影響力を持っている。

　OPEC諸国：西アジア，北アフリカを中心に13か国（2022年）。

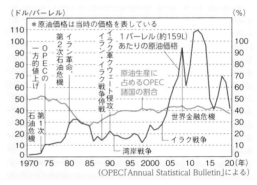

─ TOPICS ─

国際石油資本（石油メジャー）とOPEC（オペック）（石油輸出国機構）

　石油の産出には，その試掘から本格的油井の掘削（くっさく），精製，輸送，販売など，大きな資本と高い技術が必要である。そのため，20世紀の初め，西アジアなどの産油国の石油資源は，欧米の少数の国際石油資本（石油メジャー）が，生産，輸送，販売まで手掛けることになる。

　その後，各国は油田の国有化をすすめるが，生産量や価格など欧米の消費国に支配されていた。これに不満を持つ産油国では，自国の資源はその国に決定権があるという資源ナショナリズムの考え方が広まり，1960年，OPEC（石油輸出国機構）を結成する。1973年の第四次中東戦争の際には，産油国の結束が強まり，石油危機（オイルショック）が起こる。これを機にOPECの発言力が増していく。

4　日本のエネルギー問題

　日本はエネルギー資源にめぐまれておらず，消費量も多いので，海外からの輸入に頼っている。

　日本は，①自給率が欧米の先進国に比べて極めて低い。②少数の国からの輸入割合が大きい。そのためエネルギー危機管理面で，問題が多い。

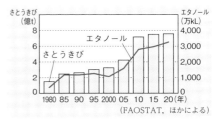

石炭 1億7,373万t	オーストラリア 59.6%		インドネシア 15.9	アメリカ 合衆国 12.5	カナダ 5.4	5.2	

日本の自給率 0.4%　　　　　　　　　　　ロシア┘　　その他 1.2

原油 1億4,603万kL	サウジアラビア 40.1%	アラブ首長国連邦 31.5	9.0	8.3	7.0

日本の自給率 0.3%　　　カタール┘　クウェート┘　　その他┘　　ロシア 4.1

液化天然ガス (LNG) 7,446万t	オーストラリア 39.1%	14.2	11.7	8.2	6.3	その他 20.5

日本の自給率 2.3%　マレーシア┘　カタール┘　ロシア┘　アメリカ合衆国┘

（2020年）　　　　　　　　　　　　　　　　　　（「日本国勢図会」による）

▲日本のエネルギー資源の輸入相手国

5　バイオマスエネルギー

　生物由来の再生可能エネルギーのこと。とくに糖分やでんぷんの多い作物を発酵させて得られるバイオエタノールの利用がすすんでいる。植物は生育の過程で光合成によってCO_2を吸収しているので，それから得られる燃料を燃焼させても「カーボンニュートラル」であると考える。

　ブラジルでは，さとうきびからつくるバイオエタノールが普及している。

（FAOSTAT, ほかによる）

▲ブラジルのさとうきびとエタノールの生産量の推移

補説　バイオエタノール　ブラジルではさとうきびから，アメリカ合衆国ではとうもろこしからつくる。

▲ブラジルのガソリンスタンド

▲木くずを利用したバイオマス発電所

5
地球的課題と国際社会

③ 人口・食料問題

▶ 世界の人口分布や人口増加はどのような特徴があるのか。人口問題は食料の問題にも直結する。世界の人々が直面するこれらの問題についてみていく。

1 | 世界の人口と人口問題

1 人口の分布

　世界のエクメーネは全陸地の約90%にも及ぶが、その分布★1
は偏っている。人口密度が高い地域は、先進国の工業地帯や都
市部のほか、モンスーンアジアも高い。乾燥地帯では、オアシ
スや外来河川の地域も高くなっている。

モンスーンアジアで栽培されている米は、人口支持
力が高く人口稠密地域となっている。★2

★1 人間が常時居
住している地域。ア
ネクメーネは非居住
地帯。極、砂漠、高
山地帯など(⇨p.100,
p.107)。

★2 ある地域が、
どれだけの人口を扶
養することができる
かという力。

人口密度(1km²あたり)
(2017年)
- 200人以上
- 100～200
- 50～100
- 10～50
- 1～10
- 1人未満または
非居住地帯

(「Diercke International Atlas」による)

▲世界の人口密度

2 人口爆発

　世界の総人口は、約77億9,500万
人(2020年)で、2050年にはおよそ
100億人に達するといわれている。18
世紀後半の産業革命までは人口の増加
がわずかであったが、その後のび始め、
特に20世紀後半には、人口の急激な
増加がみられ、人口爆発といわれるよ
うになった。

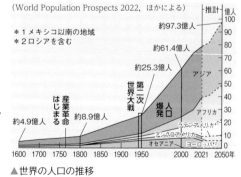

(World Population Prospects 2022, ほかによる)
＊1メキシコ以南の地域
＊2ロシアを含む

▲世界の人口の推移

③ 人口ピラミッド[3]

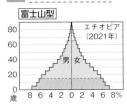

富士山型

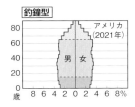

釣鐘型

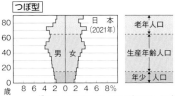

つぼ型

（「Demographic Yearbook」ほかによる）

▲エチオピア，アメリカ，日本の人口ピラミッド

エチオピアのような発展途上国では，出生率も死亡率も高いので，富士山型の人口構成になる。次にアメリカ合衆国のような先進国では，年齢による割合の差が小さく，釣鐘型になる。さらに日本のように少子高齢化がすすむとつぼ型とよばれる人口構成となり，やがて人口は減少する。

★3 年齢ごとの割合を男女別にグラフにしたもの。
14歳以下を年少人口，15～64歳を生産年齢人口，65歳以上を老年人口という。

5 地球的課題と国際社会

④ 人口転換

自然増加率は，出生率と死亡率の差で表す。多くの発展途上国では，出生率とともに乳幼児死亡も高く，多産多死型を示し，富士山型となる。医療の進展，衛生環境の改善などがすすむと，出生率が高いまま死亡率が下がり始め，多産少死型に移行する。この段階は人口増加が著しく，人口爆発とよばれる状態の国もみられる。やがて教育の普及や女性の社会進出などのため出生率も下がり，少産少死型となっていく。さらに経済が発達し，少子高齢化となった国では，人口がマイナスの自然増加（自然減少）となる。

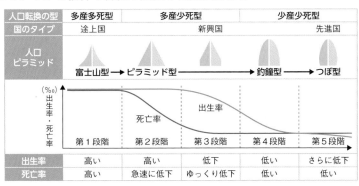

人口転換の型	多産多死型	多産少死型		少産少死型
国のタイプ	途上国	新興国		先進国
人口ピラミッド	富士山型→ピラミッド型━━━━━━→釣鐘型━━→つぼ型			
	第1段階	第2段階	第3段階	第4段階 第5段階
出生率	高い	高い	低下	低い さらに低下
死亡率	高い	急速に低下	ゆっくり低下	低い 低い

▲人口転換モデル

POINT!
人口転換でまず死亡率が下がる→医療，衛生の改善のため。
遅れて出生率も下がる→教育の普及，女性の社会進出などのため。

5 発展途上国の人口問題

発展途上国から新興国では，人口転換モデルの第2から第3段階が多く，人口爆発とよばれるほど人口増加が激しい。

❶ 発展途上国の出生率が高いわけ★4

1 子どもは貴重な労働力で家計を助ける。労働集約的農業に必要。

2 乳幼児の死亡率が高いため，多産の傾向にある。

3 社会保障制度が整備されていないため，子どもに老後のめんどうを期待する。

❷ 食料問題

多産多死から，死亡率の低下によって多産少死に移行した地域では，増加する人口に食料供給が追いつかない。少しの自然環境の変化で，深刻な飢餓状態におちいる場合がある。また，アジアなど食料生産増加率の高い地域でも，人口増加が続き，工業化にともなって生活が豊かになり，食料摂取量が増大した場合，現在の需給バランスが崩れる可能性もある。

❸ エネルギー，環境問題

人口増加にともない，エネルギー消費量の増加，森林の減少★5，二酸化炭素量の増加がすすみ，エネルギー資源の枯渇，温暖化などの環境問題が発生する。

❹ 経済成長の停滞

人口増加により，食料の輸入が必要になって経済的負担がふえたり，十分な教育を行うことができないといったことから，経済成長に必要な資本や質の高い労働力の確保がすすまない。大都市への人口流入によって失業者がふえ，都市問題が発生する。

★4 一部では宗教との関連がある。子孫をふやして宗教的儀式を継承していくことが，子どもを生む動機になったり，カトリックでは中絶を禁じているといったことも，出生率に関連している。

★5 発展途上国では，薪を燃料にしている地域が多いので，人口の増加は森林の伐採に結びつく。

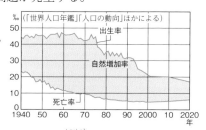

▲メキシコの出生率と死亡率
典型的な多産多死型。

POINT!

[発展途上国の人口問題]
人口爆発で食料不足，エネルギー不足，経済成長を阻害。

6　先進国の人口問題

　先進国では，人口転換モデル（ ↪p.151）の第4から5段階の国が多く，人口の減少が懸念されている。

❶高齢社会　先進国では，出生率の低下[★6]と，平均余命がのびていることで，人口の高齢化がすすんでいる。老年人口の比率が7％以上の社会を高齢化社会，14％以上を高齢社会，21％以上を超高齢社会とよぶ。

> [補説]　**合計特殊出生率**　1人の女性が一生に産むと推定される子どもの数。「生涯出生数」ともいう。その数値が2.1ほどで，人口はふえも減りもしない静止人口になる。ヨーロッパ諸国など先進国では2.0を割っている。日本では1997年から1.4を下回っている。

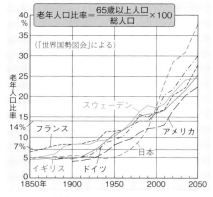

$$老年人口比率 = \frac{65歳以上人口}{総人口} \times 100$$

（「世界国勢図会」による）

スウェーデン／フランス／アメリカ／日本／イギリス／ドイツ

▲人口の高齢化　日本は高齢化社会から高齢社会までの期間が短い。

❷労働力の不足　産業や経済が発達する過程で，労働力が不足し，ドイツやフランスなどでは，外国人労働者をうけ入れてきた。しかし，その数がふえ，新たな社会問題が発生している。

POINT!

［先進国の人口問題］

出生率の低下 ⎰ 老年人口の増加→高齢社会。
　　　　　　 ⎱ 労働力の不足→外国人労働者をめぐる社会問題。

★6　女性の社会進出による晩婚や非婚，初産年齢の上昇がみられる。子どもがふえると住宅費や教育費がかさむことも子供が減る要因といわれる。

2 ｜ 世界の食料需給と食料問題

1　世界の食料需給

❶発展途上国の食料不足

1　**少ない食料生産**　発展途上国では，食料生産が，人口増加に追いつかず，主食の穀物などを輸入している例が多い。慢性的な食料不足による栄養不足，飢餓といった食料問題が深刻。

2　**食料問題の要因**

①**歴史的な要因**…プランテーションによる先進国向けの嗜好品，原料生産が中心で，自給用の食料生産が圧迫されてきた。

5

地球的課題と国際社会

② 社会制度的な要因…前近代的な大土地所有制^{★1}があり，生産性が向上しない原因となっている。まず，土地改革が必要。

③ 国際経済制度上の要因…国際取り引きで，より有利な商品作物の栽培が優先され，食料生産が衰退する。とくに，アメリカなどの先進国から，生産性が高く値段の安い余剰穀物が大量に輸入されると，発展途上国の穀物生産は破壊され，輸入にみあう輸出品として，ますます商品作物栽培に傾斜しやすい。

❷ 先進国の食料需給

1 **生産過剰の問題**　先進国では，供給過多による価格暴落を防ぐため，主要農産物について，政府が支持価格を決めている例が多い。しかし，価格が保障されると，生産過剰におちいりやすい。^{★2}

2 **食料自給率低下の問題**　農業の生産性の低い先進国では，輸入農産物によって国内農業が圧迫され，海外依存が強まり，食料自給率が低下しやすい。国際的な食料不足→食料危機には対応できない。^{★3}

> 補説　**小麦の輸出と生産過剰**　一般に，先進資本主義国では，農業生産力の発展によって，生産過剰→価格の低落がおこりやすい。穀物として重要な小麦には，各国で政府が価格を支持し，その支持価格を下まわった場合は，政府が財政支出を行って援助する（これを価格の支持という）。こうなると，農民にとっては安心なため，生産は，つねに増大しやすい。よほどの作付制限をしなければ，土地生産性のほうが向上して，生産量を減少させることはできない。
>
> 　企業的な小麦栽培地域では，生産力が大きく，いつも生産過剰となっている。アメリカなど，そういう生産地をかかえる国の政府は，輸出によって在庫を減少させることに苦心している。

POINT!

食料需給…穀物，嗜好品作物が国際的に流通。
- 発展途上国…食料生産が少なく，食料不足。
- 先進国…
  - 一部で生産過剰。
  - 他方で自給率が低下。

★1 インドでは，ザミンダーリー（徴税請負人）制とよばれる寄生地主による大土地所有制があり，農業生産による利益が地主に独占され，農業の発展が妨げられてきた。1950年代の第一次土地改革で，ザミンダーリー制は廃止され，その農地は在村地主や富農の手に渡された。1960年後半からのインドの緑の革命は，この階層によっておしすすめられ，米の増産が実現した。

★2 アメリカ，カナダの小麦，フランスの小麦，乳製品，日本の米などが典型的。

★3 イギリス，ドイツは，かつて穀物の自給率が低かったが，政府の政策により，自給率が高まっている。日本は，先進国の中では，最低の自給率になっている。

2 おもな食料の需給

❶小麦と米

① **小麦**　世界的に栽培される。新大陸やフランスなどから，エジプト，ブラジル，日本，イタリアなどに輸出される（⤶p.108）。

② **米**　自給的な色彩が強く，**アジアで90%が生産**されている。タイ，ベトナム，アメリカ[★4]，インドなどからの輸出が多い（⤶p.108）。

❷嗜好品作物

茶，コーヒー，カカオ，さとうきびなどで，おもにプランテーション作物。熱帯の産地から先進国へ輸出。

❸食料需給の問題点

発展途上国では，経済力がないため，穀物を輸入することができず，食料不足となっている国もある。そのような国では，嗜好品などの商品作物の栽培をやめ，自給的な作物を栽培すべきだという意見も強い。

また，最近，世界的に畜産物需要がふえ，それに対応して，飼料用穀物の需要が激増している。しかし，1kcalのエネルギーになる肉類を生産するのには，2～20倍のエネルギーの穀物が必要とされるように，畜産物の生産効率はひじょうに悪い。[★5]飼料用穀物の生産が食料用穀物の生産を圧迫し，穀物値段の高騰により発展途上国での食料不足をまねいている。

3 食料生産と環境問題

❶土壌侵食

アメリカなどでは，作物の連作，粗放的な栽培方法のため，風や降水により肥沃な表土が流出している。このため，傾斜の方向に垂直に畦をつくる等高線耕作が推奨されている。[★6]

❷水の枯渇

センターピボット農法（⤶p.84,100,126）で使う水や，カナート（⤶p.84）などの地下水路，掘り抜き井戸（鑽井）（⤶p.84）などで得られる水は，長い間にたまった地下水だが，たまるよりはるかに速いスピードで消費している。そのため，すでに一部の地域で枯渇し，耕作できなくなっている。さらに将来，灌漑ができなくなることも予想される。また，中央アジアなどでは内陸湖の水位が低下している。

❸塩害

乾燥地域では，灌漑に使った水の蒸発により，地表に塩類が集積しやすい。

★4 アメリカは，生産量では上位でないが，輸出量は多い。つまり，自給用ではなく，商品作物として栽培している。

5 **地球的課題と国際社会**

★5 肉1トンの生産に飼料用穀物が5～7トン必要だといわれる。また，1kcalのエネルギーのある食物をつくるのに必要なエネルギーをみると，牧草のみで育てる牛肉では2～5kcal，濃厚飼料で肥育する牛肉では10～20kcalを投入しなければならない。

★6 手間のかかる等高線耕作は，守られないことも多い。

▲等高線耕作（アメリカ）作物を収穫した跡が見える。

SECTION ④ 都市・居住問題

▶ 都市は，経済や文化の中心になることが多く，古代から人が集まって都市機能がはぐくまれてきた。特に産業革命以降の工業の発達，さらにその後の第三次産業が発達する時代には，都市が大型化してきた。それにともなってさまざまな都市問題も発生するようになっている。

1 | 都市の発達

1 集中の要因と大都市

❶集中の要因　都市は人口が多く，政治，経済，社会，文化などの活動が活発で，人，モノ，金[かね]★1，情報が集まり，産業が集中してきた。

大都市は，情報の発信量が多く，情報交換をする場も多いので，全国的かつ世界的な情報が集積[しゅうせき]し，循環[じゅんかん]している。これらの情報を求めて，情報産業が集積し，さらに外国企業や国際機関が引きつけられ，他の産業も集積していく。このように，現在では集積が集積をよんで，**大都市への産業，機能の集積が加速**される。

	東京圏	大阪圏	その他
人口 (2021年)	29.4%	14.4	56.2
県内総生産 (2018年度)	33.0%	13.4	53.6
携帯電話加入数 (2020年度)	45.0%	11.4	43.6
大学在学者数 (2020年)	40.3%	19.4	40.3
年間商品販売額 (2015年)	43.7%	14.7	41.6
銀行預金残高 (2021年)	48.5%	13.9	37.6
資本金1億円以上の会社企業数 (2021年)	52.7%	12.7	34.6

東京圏…埼玉県，千葉県，東京都，神奈川県
大阪圏…京都府，大阪府，兵庫県，奈良県
（「データでみる県勢」，ほかによる）

▲東京圏と大阪圏への集中

❷先進国の大都市　ニューヨーク，ロンドン，東京といった先進国の大都市は，それぞれの国の産業や情報などの集積地であると同時に，国際機関や多国籍企業(⇨p.131)の中枢管[ちゅうすう]理機能などが集積。そして外国為替[かわせ]市場や株式市場も大規模で，国際金融[きんゆう]市場の機能も有している。このような，国際経済，情報の中心となる都市を世界都市(グローバルシティ)という。また，いくつもの核(副都心など)をもつ大都市をエキュメノポリスという。

❸発展途上国の大都市　発展途上国の大都市(とくに首都)への産業の集中度は，一般に先進資本主義国よりも高い。これは，自国の投資，外国からの経済協力などが，経済効率が高く，政治権力の集中する大都市に優先的に行われるからである。多くの発展途上国では，1つの大都市に，突出した産業，情報の集中がみられる★2。

★1 人→労働力，観光客など。モノ→とくに商品(財やサービス)。金→資本(によって設立される企業)。

★2 すべての機能が集中し，その国の第2の都市より，ぬきんでて巨大化した大都市を，プライメートシティ(首位都市)とよぶ(⇨p.158)。

POINT!
産業の集中…情報社会，国際化社会では，情報などの面で，集積のメリットが大きいため。

{ 先進国…世界都市の出現。
発展途上国…首都などの特定都市に集中。

2 都市人口の増加

❶高い都市人口の比率　産業革命以後，先進国では，都市人口率が急激に増加してきた。現在では，先進国の総人口の75%以上が，都市に居住している。

❷都市集中の要因[★3]

1 余剰人口　産業革命後，村落地域では人口増加と農業経営の変化(大規模化や機械化など)により，余剰労働力が生じ，この余剰人口が都市人口の供給源となった。

2 工場労働者の急増　産業革命初期の工場は，生産性が低く多くの労働者を必要とした。また，工場は集積の利益を求めて都市に集中したため，工業化の進行とともに，工場労働者として，多くの人口が都市に流入した。

3 所得格差　村落の主産業である第一次産業に比べて，都市の主産業である，第二次，第三次産業の方が所得が高い。

4 社会的，文化的魅力　教育，文化，娯楽，観光の施設が充実し，最新の情報を得たり，文化的な活動を行う場合などに便利。

国名	2020年
オーストラリア	86.2%
フランス	81.0
アメリカ	82.7
イギリス	83.9
ドイツ	77.5
日本	91.8
中国	61.4
タイ	51.4

(「世界国勢図会」による)

▲おもな国の都市人口率
近年，発展途上国でも，人口急増のため，職を求めて都市に人口が集中しており，都市人口の比率が高くなりつつある。

[★3] 全体的には，都市が人口を吸収(pull)する要素が強い。

3 都市の内部構造

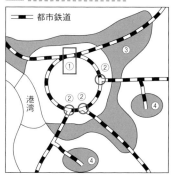

◀都市の内部構造の模式図
①は都心でCBD(中心業務地区)がある。[★4]企業の本社が集まっている。交通機関が集中し，昼間人口[★5]が多い。
②は副都心で，郊外に行く鉄道の始発駅などがある。手狭になった都心を補完する機能がある。
③は住宅地区で，市街地の最も外側にあたる。
④は郊外の衛星都市で，ベッドタウンとなっている。ニュータウンが建設されることもある。

[★4] Central Business District の略。大企業や銀行などの本社が立地する。高層ビルもみられる。

[★5] 夜間の人口を夜間人口という。常住人口とほぼ一致する。それに対し，通勤・通学などの人口を加えた人口を昼間人口という。

5 地球的課題と国際社会

4 都市の巨大化

❶首位都市　発展途上国では，ある１つの都市（多くは首都）へ，極端に人口が集中する場合が多い。このような都市を，プライメートシティ（首位都市）という。メキシコシティやバンコク，カイロ，リマ（ペルー）などが代表的。第２位の都市とは，都市間の格差がひじょうに大きい。[6]

> 補説　**首位都市が発達する要因**　都市と村落の経済格差が拡大すると，村落で貧困に苦しむ失業者（余剰人口）は，雇用機会を求めて都市に流入するようになる。また，発展途上国では，政治権力が集中し，経済効率の高い首都に，海外からの援助や投資が優先的に行われるため，首都の都市機能はますます発達する。その結果，村落からの人口流入は一段と激しくなり，首位都市が形成される。

❷発展途上国の巨大都市　1985年には，人口1,000万人以上の都市圏は，全世界で11であったが，[7] 2025年には29になると予測されている。そして，そのうち23が，発展途上国にある。とくに，シャンハイ（中国），デリー，ムンバイ，コルカタ（以上インド），ダッカ（バングラデシュ），メキシコシティ（メキシコ），サンパウロ（ブラジル）は，人口2,000万を超える超巨大都市になると予想されている。

★6 アメリカで人口第１位のニューヨークは818万人，第２位のロサンゼルスは379万人（2010年）。それに対して，タイでは，第１位はバンコクで，823万人にもなるが，第２位の都市（サムットプラカーン）は，わずか71万人（2010年）。

★7 1970年には，ニューヨーク，東京，シャンハイ，ロンドンの４都市だけであった。

POINT!　プライメートシティ（首位都市）…突出した規模をもつ人口第１位の大都市。発展途上国の首都に多い。

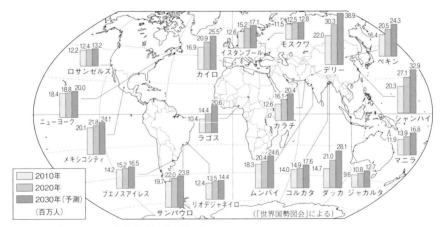

▲世界の大都市圏の人口の推移予測（日本は除く）

2 ｜ 都市問題と再開発

1 さまざまな都市問題

❶都市問題の発生　人口と産業の過度の集中，つまり過密現象が都市の問題の根源になっている。

❷都市問題の種類

　1 都市公害　大気汚染，騒音，悪臭，地盤沈下，水質汚濁，土壌(地下水)汚染など。日照侵害や風害などもある。

　2 都市災害　火災，洪水，高潮，地震などの災害が増幅されたり，都市化が新たな災害をまねく。防災システムが必要。

　3 社会資本★2の不足による問題　住宅問題，交通問題，水(上水と下水)問題，ゴミ処理問題(家庭ゴミ，産業廃棄物)など。都市機能の低下や，公共サービスの悪化などをまねく。日本の都市では緑地不足も加わる。

　4 その他　景観の保全★4，外国人住民との民族的摩擦，犯罪の多発，都市財政の悪化，地価の高騰など。

2 都市人口の分布の不均衡

❶高い人口流動性　都市の人口は流動性が高く，居住環境の変化や，都市化の進行によって，人口分布の変化が著しい。

❷スプロール現象　近郊圏で，急激な都市化により無秩序に農地や森林がつぶされ，住宅や工場が広がる現象。虫食い状に都市化がすすむ結果，都市計画の妨げになったり，居住環境を悪化させる。

❸ドーナツ化現象　居住環境の悪化や地価の高騰などにより，都心部の人口が減少し，郊外に流出する現象。都心部の荒廃や，交通問題(通勤ラッシュ)などの要因となる。

3 インナーシティの問題

　都市化の時期が早く，初期に市街地化された都市内部を，インナーシティという。ヨーロッパ諸国やアメリカでは，この地域の住宅の老朽化，公害などの居住環境の悪化，ドーナツ化現象による人口流出が顕著で，治安悪化などの問題が深刻化している。この問題の解決には，都市の再開発が不可欠である。

★1 都心の雑居ビルの火災で多数の死者がでたり，洪水によって地下街が浸水したりすることなど。

★2 社会資本(インフラストラクチャー，略してインフラ)とは，個人や企業の資本でなく，政府や地方公共団体が所有，管理している資産のこと。道路，港湾，空港などを産業関連社会資本，上下水道，学校，公園などを生活関連社会資本という。

★3 ビルの屋上に樹木や芝を植える屋上緑化が注目されている。ヒートアイランド現象の緩和や，景観対策が目的である。

★4 ビルの高さをそろえて落ち着いたスカイラインを確保すること，歴史的景観を開発から保全することなど。

★5 1960年代に，東京や大阪の近郊圏内で，とくに顕著であった。

★6 CBD(⊂ p.157)周辺の，かつての高級住宅街を含む人口集中地区にあたる。

4 居住問題

①住民の階層構造　発展途上国の大都市の住民は，所得や人種，民族によって格差が大きく，その階層による住み分けもすすんでいる。高所得層の居住地区には，公共施設が整い，犯罪率も低いが，低所得層の居住地区は，居住環境が劣悪であり，同一都市内での地域格差が大きい。

②住宅不足　都市人口が急増しているため，社会資本の不足が深刻で，とくに住宅不足は，都市機能全体に多大な悪影響を与えている。

1 スクオッター(不法占拠地区)　既成市街地からあふれた人口が，本来は居住に適さない空間地(線路ぞい，河川ぞい，ゴミ捨て場など)を，不法に占拠して，形成した住宅地のことをいう。

2 スラム　スクオッターの大半は，スラム(不良住宅街)であり，水道，電気，医療などの施設が不十分で，居住環境はきわめて悪い。

3 **スラムの拡大**　急激な人口増加が続くと，スラムが拡大して，都市機能がマヒする場合がある。コルカタ(カルカッタ)やキンシャサなどでは，スラムの人口が，都市人口の半数を超えている。スラムにも住めないホームレスも多い。

★7 社会階層や民族などによって生活圏(居住地)が分断していること。セグリゲーション。

★8 多くの場合，高級官僚，会社の重役や，大地主，資本家などの特権階級である。

★9 スコッターとも表記。ブラジルのスクオッターは，ファヴェーラとよばれる。スラム地区の名称ともなっている。

▲メキシコシティ(⊃p.158)の住宅の階層

POINT!

都市問題…都市公害，都市災害，社会資本の不足による問題など。過密によって深刻化。

{ スプロール現象やドーナツ化現象…均衡のとれない人口分布。
{ インナーシティの問題…スラムやゲットーの形成。

5 都市計画と再開発

❶ **都市計画の意義**　都市を計画的に建設，整備して，都市問題の解決をはかり，住みよい都市をつくること。

❷ **いろいろな都市計画**

1 **新都市の建設**　新首都，学園都市，ニュータウン，副都心（ふくとしん）など。

2 **再開発**^{★10}　都市内部のスラムや遊休施設を有効的に利用できるよう改造し，人口の呼び戻しや観光客の誘致（ゆうち）をはかる。

3 **広域計画**　都市だけでなく，近郊圏や勢力圏までも含めた，総合的な地域計画。日本の首都圏整備計画が代表的。

6 イギリスの都市計画

❶ **ロンドンへの一極集中**　産業革命がいち早く進行したイギリスは，19世紀以来，ロンドンへの人口と機能の集中が顕著（ちょ）で，20世紀初頭には，ロンドンは深刻な都市問題をかかえていた。

❷ **田園都市構想**　19世紀末に，都市計画家のE.ハワード^{★11}が提唱したもので，適当な規模の住宅と工場を備えた田園的環境の理想都市を建設することである。この構想をもとに，20世紀に入って，ロンドン北方にレッチワースとウェリンガーデンシティの2つの実験都市が建設された。

> 補説　**ハワードの田園都市**　ハワードが提唱した田園都市は，大都市近郊の田園地帯に，人口3万2千人規模で，同心円状の構造（中央から，庭園→住宅→工場→農地）をもつものであった。さらに用地の買収から建設，維持の費用を田園都市の用益者（ようえきしゃ）が支払い，土地を分譲せずに，賃貸形式で運営するとした。この理念は，後のニュータウン建設に大きな影響を与えた。

❸ **大ロンドン計画**　ロンドンの過密解消と人口分散を目的に，1944年に始まった。

1 **グリーンベルト**　市街地の無秩序な拡大を抑える（おさ）ために市域の外側に設置。

2 **ニュータウン**　グリーンベルトの外側に，人口3〜7万人規模のニュータウンを，8か所建設。その後，20か所以上になった。

3 **経過**　ロンドンの人口分散に成功したが，中心部の人口減少と空洞化（くうどうか）が進行。現在，計画は見直されている。

★10 都市の再開発は，一掃（クリアランス）型と，修復（保全）型がある。一掃型にはスラムクリアランスなど。たとえば，スラムクリアランスのあと，当該地区の施設整備（ジェントリフィケーション）をすすめる方法もある。

★11 ハワードは空想的社会主義の影響をうけ，『明日の田園都市』を著し（ちょ）（1902年），労働者のための緑と太陽にめぐまれた都市づくりを提唱した。
　実際の田園都市の建設は，民間団体の田園都市協会によってすすめられた。

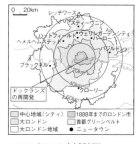

▲ロンドンの広域計画

5 地球的課題と国際社会

⑤ 移民・難民問題

▶ 世界ではさまざまな移民や難民問題が起こっている。かつて大航海時代から多くの移民が国際的に移動しているが，現在，経済的理由や政治的・宗教的理由などで移動する人々の数は増加している。

1 │ 歴史的背景と人の移動

1 経済的理由による人口移動[1]

❶国際間移動　ヨーロッパ人が新大陸へ。日本人が南アメリカやアメリカ西海岸，ハワイへ。華南(フーチエン省，コワントン省)の中国人が東南アジアへ(華僑)。インド人が東南アジアやアフリカ東部へ(印僑)。アフリカのギニア湾岸の黒人が新大陸へ(奴隷貿易)。トルコ，イタリア，アルジェリアなど地中海沿岸諸国からドイツ，フランスへの出稼ぎや移住。カリブ海諸国やメキシコからアメリカへの出稼ぎや移住。

❷国内移動　アメリカの西部開拓による移動(西漸運動)。ロシアのシベリア開拓による移動。出稼ぎ(かつては杜氏など[2]，現在は土木建設作業員が多い)。過疎による家族全員が村を離れる挙家離村などで大都市に移る動き。過密の都市からのUターンやJターン。

2 政治的，宗教的理由による人口移動

❶信教の自由を求めた初期のアメリカ移民[3]。流刑地であったオーストラリア，シベリアへの追放。ユダヤ人の国家建設のためのパレスチナ移住(シオニズム運動)。

❷現代の世界では，民族の対立，人種差別，内戦や社会体制の変革にともなう混乱をのがれるために移動する難民がふえた。

★1 労働力としての移動で，かつては開拓移民や植民地労働者として，労働力の少ない地域に移る分散型移民が多かった。現在の労働力の移動は，産業の発達した先進国や都市に集まる集中型移民に変化している。

★2 日本海側の地域から，冬の間，各地の酒造地に出稼ぎする酒づくりの技術者。

★3 イギリス国教会からの分離をめざした清教徒(ピューリタン)。

→ヨーロッパ人　--→ 黒　人
①イギリス人　→ インド人(印僑)
②フランス人　→ 中国人(華僑)
③スペイン人　→ 日本人
④ポルトガル人
⑤ロシア人

▲国際的な人口の移動　16世紀以降のおもな移動を示す。

2 ｜ グローバル化と移民・難民問題

1 アメリカ合衆国の移民問題

アメリカ合衆国は，今までの多くの移民によって成り立っている。第二次世界大戦までは，イギリスを中心としたヨーロッパからが多かったが，戦後は，アジアと中南米からが多くなっている。[*1]　ヒスパニック[*2]の中には，非合法でも，経済的に豊かなアメリカへ，メキシコの国境となっているリオグランデ川を越えて移動する人々もいる。

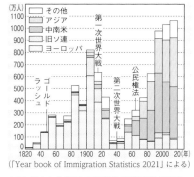

（「Year book of Immigration Statistics 2021」による）

▲アメリカ合衆国の出身地別移民数の変化

農作業に従事する▶
ヒスパニックの人々

★1 パレスチナ，アフガニスタン，エチオピア，スーダン，ベトナム，カンボジア，旧ユーゴスラビア，ソマリア，ルワンダなどで難民が多い。国連難民高等弁務官事務所(UNHCR)や非政府組織(NGO)が，国際的な保護活動をすすめている。
★2 中南米からアメリカ合衆国へ移住したスペイン系の人々。アメリカ合衆国にとって重要な労働力となっている。

── ／ TOPICS ／ ────────────────

アメリカをめざす移民

2018年10月，貧困や暴力，食料難に苦しむ中米のホンジュラスなどからアメリカ合衆国を目指し徒歩で北上する移民が現れた。当時のトランプ大統領は11月，それまで認めていた不法移民の難民申請を拒否する大統領令に署名し，その後，メキシコ国境に塀を建設することを約束した。

▲アメリカを目指す移民集団「キャラバン」

2 ロヒンギャ難民問題

仏教徒が多数のミャンマー西部のバングラデシュとの国境地帯にイスラームの少数民族ロヒンギャが居住しているが，ミャンマー政府は，ロヒンギャを不法占拠者とみなしている。1990年代から問題が激化していたが，2017年に激しい迫害が起き，ロヒンギャ難民がバングラデシュ領内に流れ込んだ。

▲避難するロヒンギャの人々

3 シリア難民問題

2010年に始まった「アラブの春[★3]」はシリアにも及び，シリア内戦が激化した。数千万人の命が奪われ約660万人以上が難民となり，約670万人が国内避難民となっている。

▲シリアの難民キャンプ

★3 2010年12月，チュニジアで起こった民主化運動がエジプト，リビア，シリアなど，北アフリカや西アジアに拡大し，エジプトなどでは長期政権が崩壊した。

─\ TOPICS /─

難民保護と国内安全保障のジレンマ

シリア難民は，EU加盟のヨーロッパも受け入れていたが，大量に押し寄せるため，ドイツやイタリアでは受け入れに反対する世論も高まった。イギリスは，EUとしての一致した受け入れ政策に反対する国民も多く，2020年のEU離脱の要因の1つになった。

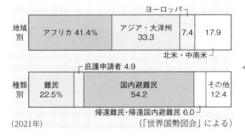

| 地域別 | アフリカ 41.4% | アジア・大洋州 33.3 | ヨーロッパ 7.4 | 北米・中南米 17.9 |

| 種類別 | 難民 22.5% | 庇護申請者 4.9 | 国内避難民 54.2 | 帰還難民・帰還国内避難民 6.0 | その他 12.4 |

(2021年)   (「世界国勢図会」による)

◀地域別（受入国ベース）と種類別の難民等の割合
アフリカとアジア・大洋州からの難民が多い。

世界の難民数等の推移▶
国外へ避難する難民も増加傾向だが，受け入れ国の限界も指摘されており，国内避難民が急増している。

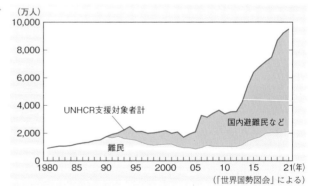

（「世界国勢図会」による）

統計の読み方

数字が並ぶ統計には，地理の重要な情報が詰まっている。
整理して読んでみよう。

○地理の常識

数字(①，②，…)は順位

山の高さ	世界	①エヴェレスト(チョモランマ)	日本	①富士山
河川	**長さ** 世界	①ナイル川，②アマゾン川，③長江	日本	①信濃川
	流域面積 世界	①アマゾン川，②コンゴ川，③ナイル川	日本	①利根川
人口*	①中国14.3億人，②インド14.1億人，③アメリカ合衆国3.4億人，④インドネシア2.8億人，⑤パキスタン2.3億人，⑥ナイジェリア2.2億人，…⑪日本1.24億人			(2022年)
国土面積	①ロシア，②カナダ，③アメリカ合衆国，④中国，⑤ブラジル			

＊予測では，2023年にインドが中国を上回って人口世界1位となる。

○ずっと1位かダントツ1位か

米	生産量	①中国と②インドで世界の約半分。**自給的作物**なのでアジアで人口の多い国でさかん。
	輸出量	①インド，②ベトナム，③タイ。緑の革命で生産量増加。
小麦	生産量	①中国，②インド，③ロシア，④アメリカ合衆国，⑤カナダ **商業的作物**なので面積の広い国で多い。
	輸出量	①ロシア，②アメリカ合衆国，③カナダ，④フランス，⑤ウクライナ
とうもろこし		アメリカ合衆国は生産も輸出も1位。
大豆		生産も輸出も，ブラジルとアメリカ合衆国で過半を占める。ブラジルの急増。
オリーブ		**地中海沿岸**地域で世界のほとんどを生産。**テラロッサ**土壌と重なる。
茶	生産量	中国とインドで世界の3分の2弱。ケニアが伸びている。
	輸出量	①ケニア，②中国，③スリランカ，④インド
カカオ豆		**ギニア湾岸**に集中。生産，輸出ともに①コートジボワール，②ガーナで世界の約半分。
コーヒー豆		**テラローシャ**土壌のブラジルがずっと1位。生産も輸出も①ブラジル，②ベトナムで世界の約半分。ベトナムが近年急増。
なつめやし		①エジプト，②サウジアラビア，③イランなど，西アジアから北アフリカの乾燥地帯がほとんど。
豚		中国がダントツの1位。②アメリカ合衆国，③ブラジルと続く。イスラーム圏ではほとんど飼育されていない。なお，家畜では，やや乾燥した地域に羊，やや湿潤な地域に牛が多い。アンデスにはリャマやアルパカ，チベットにはヤク，西アジアや北アフリカにはラクダ，モンゴルでは馬など。
石炭		生産量は中国がダントツ1位で，世界の約半分。インド，インドネシア，オーストラリアも多い。
原油	生産量	サウジアラビアが1位だったが，アメリカ合衆国が増加。ロシアも多い。
	輸出量	①サウジアラビア，②ロシア
銅鉱		生産量はチリがずっとダントツ1位。近年はペルーや中国も多く，差が縮まる。
鉄鉱石	生産量	①オーストラリア，②ブラジル，③中国で約7割。
	輸出量	①オーストラリア，②ブラジルで世界のほとんどを占める。
銀鉱		生産量はメキシコ，ペルーが多いが，中国が伸びている。
白金(プラチナ)		生産量は南アフリカ共和国がダントツ1位で世界の約7割。

○その国の特徴は，輸出品をみればわかる

先進国	上位は機械類，自動車。先進国はその下位の品目に特徴が現れる。イギリスは原油，イタリアは衣類，スイスは精密機器，オランダやスペインは野菜・果実，デンマークは肉類，フランスは航空機・ワイン，など。
発展途上国	上位の品目に特徴が現れる。インドネシアはパーム油，スリランカは茶・衣類，ナイジェリアやアルジェリアなどは原油，エチオピアはコーヒー豆，ガーナは金，コートジボワールはカカオ豆，ザンビアやチリは銅，ボツワナはダイヤモンド。

自然環境と衣食住

○世界の人々の生活には，その地域の自然環境が大きく影響している。

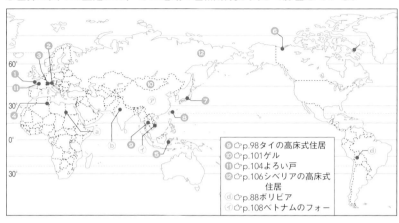

⑨⇨p.98タイの高床式住居
⑩⇨p.101ゲル
⑪⇨p.104よろい戸
⑫⇨p.106シベリアの高床式
　　　住居
ⓓ⇨p.88ボリビア
ⓕ⇨p.108ベトナムのフォー

❶フランス［ブルターニュ半島］ 偏西風による強い西風のため，建物の西側は壁になっており，ほとんど窓がない。

❷オーストリア［ザルツブルクの石造りの建物］ アルプス山脈から吹きおろす乾燥した熱風のフェーンによる火災の延焼を防ぐ効果がある。

❸スイス［アルプスの山小屋］ 現地に豊富にある木材が，ふんだんに使用されている。❷と違い湿度が高いため，木の家が多い。

❹モロッコ アドベ(⇨p.100)が使用されている。天井はテラスになっており中庭がある。隣家と隣接して狭い通路がある。窓は小さく気密性が高く，室内は比較的涼しい。

❺インドネシア［スラウェシ島のトラジャ族の伝統的住居］ 屋根が大きく強い日差しをさえぎる。スコールの雨も急傾斜の屋根で処理できる。高床式となっている。

❻カナダ［北極海沿岸］ イヌイットが狩猟の際に使用する氷の住居で，イグルーとよばれる。

❼岐阜県［白川郷］　合掌造りの住居。急傾斜の屋根は東西を向くように建てられている。降雪や降雨の翌日の晴れの日，午前と午後に日光をあて，両方の屋根を乾かす効果がある。

❽沖縄県［竹富島］　台風の暴風から住居を守る工夫がみられる。平屋建て，屋根の傾斜が緩やか，琉球瓦としっくいの屋根など。

特集
自然環境と衣食住

ⓐ乾燥気候下のアフリカ諸国　乾燥気候で日射が強い。砂漠の熱波から皮膚を守るために布で覆い，水分の蒸発を防いでいる。

ⓑインド　サリーとよばれる巻布衣。布を体に巻き付けるスタイル。高温多湿の気候下で風通しがよく，汗も吸収しやすい。

ⓒカナダ　カリブー(トナカイ)やアザラシの毛皮で衣服を作る。

㋐中国の料理

東北地方
小麦を使った麺類やこうりゃん(もろこし)が中心。

華北
小麦を使ったマントウ(蒸しパン)やギョウザが多い。北京料理など。

西部
乾燥気候で羊の肉や乳製品が中心。

華中沿岸部
長江の河口付近では魚を中心に野菜にも恵まれる。上海料理など。

東北

西部

華北

華中

華南

華南
温暖湿潤で食材が豊富。米の料理も多い。広東料理など。

華中内陸部
高温多湿なため，唐辛子などの香辛料を使った料理が作られる。四川料理の麻婆豆腐など。

☑ 要点チェック

CHAPTER 1　世界の地形と人々の生活		答
☐ 1	先カンブリア時代に形成された大地形は何に分類されるか。	1　安定陸塊
☐ 2	ウラル山脈，アパラチア山脈は，何造山帯の山地か。	2　古期造山帯
☐ 3	地殻と地球中心にある核の間にある物質を何というか。	3　マントル
☐ 4	日本付近の海洋プレートは，太平洋プレートと何か。	4　フィリピン海プレート
☐ 5	プレート境界が狭まることによって形成される地形の例を1つあげよ。	5　褶曲山脈など
☐ 6	プレート境界がずれることによって形成される地形の例を1つあげよ。	6　断層など
☐ 7	火山活動による火山の種類を1つ答えよ。	7　成層火山など
☐ 8	河川による堆積平野を何というか。	8　沖積平野
☐ 9	河川が山地から平野に出る所に形成される堆積地形は何か。	9　扇状地
☐ 10	9で早くから村落が立地するのはどこか。	10　扇頂，扇端
☐ 11	河床が周辺の平野面より高くなっている川を何というか。	11　天井川
☐ 12	河口付近に土砂が堆積してできる地形は何か。	12　三角州
☐ 13	V字谷が沈水して形成される海岸を何というか。	13　リアス海岸
☐ 14	砂浜海岸の例を1つあげよ。	14　九十九里浜など
☐ 15	砂嘴の例を1つあげよ。	15　野付半島など
☐ 16	氷河が運搬した砂礫などが堆積した地形を何というか。	16　モレーン
☐ 17	氷河の侵食によって形成される地形の例を，1つあげよ。	17　U字谷など
☐ 18	スイスなどの山岳地帯でみられる移動式放牧を何というか。	18　移牧
☐ 19	氷河の侵食をうけた谷が沈水してできた地形を何というか。	19　フィヨルド
☐ 20	砂漠では，水のかれた（　）を交通路としている。	20　ワジ(かれ川)
☐ 21	湿潤地域から流れ，乾燥地を貫流する川を何というか。	21　外来河川
☐ 22	内陸河川の例を1つあげよ。	22　ヴォルガ川など
☐ 23	イランの乾燥地域でみられる地下水路を何というか。	23　カナート
☐ 24	カルスト地形にみられるすりばち状の凹地を何というか。	24　ドリーネ
☐ 25	24が連なった地形を何というか。	25　ウバーレ

CHAPTER 2　世界の気候と人々の生活　　　　　　答

☐	1	1年のうちの，最暖月と最寒月の平均気温の差を何というか。	1　(気温の)年較差
☐	2	熱帯地方にみられる激しい夕立を何というか。	2　スコール
☐	3	赤道に向かって吹く東よりの風を何というか。	3　貿易風
☐	4	亜寒帯低圧帯に向かって吹く西寄りの風を何というか。	4　偏西風
☐	5	夏と冬で風向が反対になる風を何というか。	5　季節風(モンスーン)
☐	6	フェーンややませなど，特定の場所に吹く風を何というか。	6　局地風(地方風)
☐	7	縦軸に気温，横軸に降水量をとったグラフを何というか。	7　ハイサーグラフ
☐	8	ケッペンは，何の分布を基準に気候区分を行ったか。	8　植生
☐	9	ラトソル，褐色森林土は，成帯土壌と間帯土壌のどちらか。	9　成帯土壌
☐	10	ウクライナなどに分布する黒色の肥沃土を何というか。	10　チェルノーゼム(黒土)
☐	11	東南アジアの大部分を占める気候帯は何か。	11　熱帯
☐	12	サバナ気候にみられる，疎らに生えている低木を何というか。	12　疎林
☐	13	AwとBSの草原の特徴の違いは何か。	13　Awは長草，BSは短草
☐	14	アマゾン川流域の熱帯雨林を何というか。	14　セルバ
☐	15	中緯度の大陸西岸に発達する砂漠の例を1つあげよ。	15　アタカマ砂漠など
☐	16	西・中央アジアの乾燥地域では，（　）とオアシス農業がさかん。	16　遊牧
☐	17	アルゼンチンで農業がさかんなのはどんな地域か。	17　湿潤パンパ
☐	18	おもに寒帯地域にみられる，1年中凍っている土壌は何か。	18　永久凍土
☐	19	18が広がる地域の住居はどのようになっているか。	19　高床式
☐	20	D気候区にみられる針葉樹の樹林を何というか。	20　タイガ
☐	21	北海道の気候は何帯に属するか。	21　亜寒帯(冷帯)
☐	22	ツンドラ地域で遊牧される家畜は何か。	22　トナカイ
☐	23	モンスーンアジアで主食とされる穀物は何か。	23　米
☐	24	パスタやナンは何の粉からつくられるか。	24　小麦
☐	25	キャッサバが広く栽培される気候帯を答えよ。	25　熱帯
☐	26	東南アジアで栽培がさかんな商品作物を2つあげよ。	26　油やし，天然ゴムなど
☐	27	アンデス原産の，世界中で栽培されるいも類は何か。	27　じゃがいも

CHAPTER 3　世界の言語・宗教と生活文化　　　　答

☐	1	国家が公式の使用を認めた言語を何というか。	1　公用語

☐	2	世界で最も使用人口が多い言語は何か。	2	中国語
☐	3	生物学的特徴が一致する人の集団を何というか。	3	人種
☐	4	日本人の多くは，3としては何に分類されるか。	4	モンゴロイド
☐	5	文化的，社会的特徴が一致する人の集団を何というか。	5	民族
☐	6	ドイツ，フランス，イタリア，ロマンシュ語が公用語の国はどこか。	6	スイス
☐	7	シンガポールは，人口の4分の3が（　）である。	7	中国系(華人)
☐	8	マレーシアでは，マレー系,（　）系，インド系の人が多い。	8	中国
☐	9	世界三大宗教のうち，信者数の最も多い宗教は何か。	9	キリスト教
☐	10	おもにラテン民族が信仰するキリスト教の1派は何か。	10	カトリック(旧教)
☐	11	おもにゲルマン民族が信仰するキリスト教の1派は何か。	11	プロテスタント(新教)
☐	12	ロシア人などが信仰するキリスト教の1派は何か。	12	正教会
☐	13	イスラームの経典を何というか。	13	クルアーン(コーラン)
☐	14	サウジアラビアにあるイスラームの最大の聖地はどこか。	14	メッカ
☐	15	イスラームの二大宗派を答えよ。	15	スンナ派,シーア派
☐	16	仏教を創始したのはだれか。	16	釈迦
☐	17	仏教が創始されたのは現在のどこの国か。	17	インド
☐	18	仏教は上座部仏教と（　）仏教の2つに大別される。	18	大乗(北伝)
☐	19	タイで最も信仰されている宗教は何か。	19	仏教
☐	20	インドで最も信仰されている宗教は何か。	20	ヒンドゥー教
☐	21	イスラームの人々が食べない肉は何か。	21	豚肉
☐	22	熱帯における商品作物の大規模農園を何というか。	22	プランテーション
☐	23	複数の民族からなる国家を何というか。	23	多民族国家
☐	24	海外に移住した中国人を何というか。	24	華僑(華人)
☐	25	ラテンアメリカの先住民と白人の混血を何というか。	25	メスチソ(メスチーソ)
☐	26	商品作物や鉱山資源など1～2種類の輸出に依存している経済を何というか。	26	モノカルチャー経済
☐	27	アフリカに多い，直線的な国境を何というか。	27	人為的国境

CHAPTER 4　世界の産業と生活				答
☐	1	栽培限界を克服するために行われてきたことを1つ答えよ。	1	品種改良(土壌改良)
☐	2	作物栽培と家畜飼育を組み合わせた農業を何というか。	2	混合農業

		問	答
☐	3	乳牛を飼育して，乳製品を生産する農業を何というか。	3 酪農
☐	4	園芸農業には，輸送園芸と何があるか。	4 近郊農業
☐	5	企業的農牧業は，(　)生産性は低いが，(　)生産性は高い。	5 土地，労働
☐	6	輸出用の単一作物を大量に栽培する大規模農園を何というか。	6 プランテーション
☐	7	特定の一次産品に依存する経済状態を何というか。	7 モノカルチャー経済
☐	8	先進国と発展途上国間の経済格差の問題を何というか。	8 南北問題
☐	9	発展途上国間の経済格差をめぐる問題を何というか。	9 南南問題
☐	10	8の解消をめざす国連組織の略称は何か。	10 UNCTAD
☐	11	国内総生産をアルファベットの略称で何というか。	11 GDP
☐	12	新興工業経済地域を，アルファベットの略称で何というか。	12 NIES
☐	13	世界各国にまたがって活動する企業を何というか。	13 多国籍企業
☐	14	経済活動が世界的規模に拡大している様子を何というか。	14 グローバル化
☐	15	企業の海外進出で国内産業が衰えることを何というか。	15 産業の空洞化
☐	16	先進国ではICTなどの(　)産業への転換がみられる。	16 先端技術
☐	17	先進国は，第(　)次産業人口の割合が高い。	17 三
☐	18	ソ連の解体後，独立を宣言した各共和国が結成した組織を何というか。	18 独立国家共同体（CIS）
☐	19	韓国，シンガポール，香港，台湾をまとめて何というか。	19 アジアNIES
☐	20	ブラジル，ロシア，インド，中国，南アフリカ共和国をまとめて何というか。	20 BRICS
☐	21	EUの統一市場で移動が自由なのは，人のほか何か。	21 物，サービス，資本
☐	22	EUの通貨統合による新しい通貨単位を何というか。	22 ユーロ
☐	23	2020年にEUを離脱した国はどこか。	23 イギリス
☐	24	ヨーロッパの締結国間で国境を通過する際，パスポートを提示せずに通過することを許可する協定は何か。	24 シェンゲン協定

CHAPTER 5　地球的課題と国際社会

		問	答
☐	1	先進国政府による発展途上国への援助の略称は何か。	1 ODA
☐	2	「持続可能な開発目標」の略称は何か。	2 SDGs
☐	3	肥沃な土地が砂漠に変わっていく現象を何というか。	3 砂漠化
☐	4	二酸化炭素などの増加で，地球環境はどう変化するか。	4 温暖化
☐	5	オゾン層を破壊する気体は何か。	5 フロンガス

1〜5 要点チェック

☐	6	自然エネルギーを利用した無公害エネルギーを何というか。	6	クリーンエネルギー
☐	7	大分県の八丁原にあるのは何を利用した発電所か。	7	地熱
☐	8	西アジアの（　）湾沿岸は，世界有数の産油地帯である。	8	ペルシア
☐	9	先進国の国際石油資本を別名何というか。	9	（石油）メジャー
☐	10	1960年に結成された石油輸出国機構の略称は何か。	10	OPEC
☐	11	生物に由来するエネルギーを何エネルギーというか。	11	バイオマス（エネルギー）
☐	12	人間が常時，居住している地域を何というか。	12	エクメーネ
☐	13	人間が永続的に居住できない地域を何というか。	13	アネクメーネ
☐	14	2021年現在の世界の総人口は約何億人か。	14	79億人
☐	15	人口が短期間に急増する現象を何というか。	15	人口爆発
☐	16	年齢別人口構成を表すグラフを何というか。	16	人口ピラミッド
☐	17	出生率と死亡率の差を何というか。	17	自然増加率
☐	18	出生率，死亡率がともに高い状態を何というか。	18	多産多死
☐	19	出生率が高く，死亡率が低い状態を何というか。	19	多産少死
☐	20	老年人口の比率が7〜14%の社会を何というか。	20	高齢化社会
☐	21	老年人口の比率が14%以上の社会を何というか。	21	高齢社会
☐	22	農産物の生産過剰が問題なのは，先進国と発展途上国のどちらか。	22	先進国
☐	23	アメリカで土壌侵食を防ぐためにとられる耕作方法は何か。	23	等高線耕作
☐	24	地下水を利用して，円形に灌漑を行う農法は何か。	24	センターピボット農法
☐	25	国際経済や情報の中心となる世界都市を何というか。	25	グローバルシティ
☐	26	突出した規模をもつ人口第1位の都市を何というか。	26	プライメートシティ
☐	27	都市の大気汚染，騒音，振動などを総称して何というか。	27	都市公害
☐	28	上下水道，学校，公園などの資産を何資本というか。	28	（生活関連）社会資本
☐	29	近郊圏で無秩序に市街地化がすすむ現象を何というか。	29	スプロール現象
☐	30	都心部から人口が郊外に流出する現象を何というか。	30	ドーナツ化現象
☐	31	初期に市街地化した都市の内部地域を何というか。	31	インナーシティ
☐	32	不法占拠により形成された住宅街を何というか。	32	スクオッター
☐	33	都市内部の老朽化した不良住宅街を何というか。	33	スラム
☐	34	1944年に始まったロンドンの広域計画を何というか。	34	大ロンドン計画
☐	35	紛争などで移住を余儀なくされた人々を何というか。	35	難民
☐	36	2010年にチュニジアから始まった民主化運動を何というか。	36	アラブの春

第3編

3

日本の国土と
持続可能な地域づくり

…

1 ≫ 自然環境と防災

① 日本の自然環境 ☞p.175

□ **日本の地形**

- ・高くけわしい山地。平地はせまい。フォッサマグナと糸魚川・静岡構造線，中央構造線。
- ・河川は短く，勾配が急で流れが速いものが多い。
- ・複雑な海岸線。リアス海岸も発達。

□ **日本の気候**

- ・季節風(モンスーン)の影響。降水量が多い。地域によって多様。
- ・梅雨や台風，やませによる冷害の発生。
- ・都心部の気温が島状に高くなるヒートアイランド現象。

② 日本の自然災害と防災 ☞p.180

□ **地震・津波**

- ・海溝型地震…プレート境界にたまったひずみによる。津波が発生することがある。
- ・直下型地震…内陸部の活断層がずれ動くことで発生。震源に近い都市に大きな被害。液状化現象。

□ **火山災害と防災**

- ・**火山災害**…噴石や火山灰，火山ガスの噴出，火砕流や溶岩流，土石流など。
- ・**火山の恩恵**…温泉や地熱発電，観光地，世界ジオパーク。
- ・**防災**…砂防施設や避難シェルターの整備。

□ **気象災害と防災**

- ・台風，線状降水帯の発達。
- ・水害・洪水，大雪，暴風，竜巻，落雷。
- ・都市部の局地的大雨(ゲリラ豪雨)。

□ **防災の心構え・減災**

- ・災害情報の収集や活用…被災地への支援，復旧・復興。
- ・自助…個人や家庭での備え。
- ・共助…地域の住民や，ボランティアなどとの協力。
- ・公助…国や自治体による救助・援助。

日本の自然環境

▶ 日本列島はユーラシア大陸の東縁に位置し，日本海をへだてて大陸とほぼ平行に連なる弧状列島（こじょうれっとう）から成っている。地形は，プレートが重なり合うためけわしい山地や火山も存在する。気候は地域的に多様であり，1年の季節の移り変わりは顕著である。

1 ｜ 日本の地形

1 弧状列島

　日本付近は4つのプレートが接する変動帯となっており，地震や火山が多い。太平洋プレートとフィリピン海プレートは，北アメリカプレートとユーラシアプレートの下にもぐりこむ形となり，弧状の島の列（弧状列島＝島弧（とうこ）），深い海溝といった地形が形成されている。

> |補説| **島弧−海溝系の地形**　日本付近には，千島（ちしま）・カムチャツカ弧—千島・カムチャツカ海溝，東北日本弧—日本海溝，伊豆（いず）・小笠原（おがさわら）弧—伊豆・小笠原海溝，西南日本弧—南海（なんかい）トラフ，琉球（りゅうきゅう）弧—南西諸島海溝の5つの島弧—海溝系がみられる。トラフは，側面の傾斜が海溝ほど急でない溝状の凹地（おうち）。

2 地体構造（ちたいこうぞう）

　日本列島は，フォッサマグナ(大地溝帯(だいちこうたい))★1とよばれる海溝（現在は新しい地層で埋まっている）によって，東北日本と西南日本とに分かれる。さらに，西南日本は，中央構造線(メジアンライン)★2によって内帯（ないたい）と外帯（がいたい）に分かれる。
❶**フォッサマグナ(大地溝帯)**　西縁（せいえん）は糸魚川（いといがわ）・静岡構造線で，糸魚川から姫川（ひめかわ）−木崎湖（きざきこ）−諏訪湖（すわこ）−釜無川（かまなしがわ）−富士川（ふじかわ）−静岡に至る断層線（だんそうせん）★3が明瞭（めいりょう）。東縁は富士山（ふじさん）などの火山活動のため不明瞭であるが，柏崎（かしわざき）・千葉構造線などがあげられる★4。フォッサマグナを境に東北日本と西南日本では地質などが異なる。
❷**中央構造線(メジアンライン)**　諏訪湖から，三峰川（みぶがわ）（天竜川（てんりゅう）支流）−豊川（とよかわ）−（伊勢湾（いせわん））−櫛田川（くしだがわ）−紀ノ川（きのかわ）−吉野川（よしのかわ）−松山（まつやま）を経て★5，九州に至る断層帯。九州では，臼杵（うすき）・八代構造線（やつしろ）または大分・熊本構造線となるとされている。

★1　第三紀の後半（約2,500万年前）に出現した地溝。明治初期に日本に来ていた地質調査技師ナウマンが命名。フォッサ＝割れ目，マグナ＝大きい。

★2　構造線とは，地殻（ちかく）の構造を左右するほど大規模な断層線のこと。

★3　木崎湖あたりは飛騨（ひだ）山脈との境をなし，釜無川は赤石（あかいし）山脈との境をなし，ともに高さ3,000mにもおよぶ断層崖（だんそうがい）がみられる。フォッサマグナの深さは6,000mをこえるので，合計9,000mをこえる高低差がある。

★4　新潟県直江津（なおえつ）（上越市）から，神奈川県国府津（こうづ）（小田原（おだわら）市）または平塚市（ひらつか）に至るラインであるともされる。

★5　フォッサマグナの糸魚川・静岡構造線と中央構造線とは，諏訪湖の南で交わる。

❸断層によって区分される各地域

　　1　東北日本…………山地と平地が平行し

　　　　　　　　　　　　て走る。

　　2　西南日本┬内帯…一般に高原上の山地

　　　　　　　　（ないたい）　で，地溝や地塁が多い。

　　　　　　　　└外帯…高くけわしい山地が

　　　　　　　　（がいたい）　多い。谷も深い。

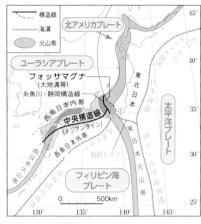

▲日本の地体構造

3　地形の特色

　日本では山地の面積が国土の約75％を占める。

❶山地　環太平洋造山帯にあたるため，**けわしい山地が多く，火山も多い。**山地や山脈が背骨のように連なっており，本州の中央部には3,000 m級の山々からなる**飛騨山脈・木曽山脈・赤石山脈の日本アルプス**がそびえている。フォッサマグナを境にして山々が連なる方向が異なっている。

❷河川　国土が細長いうえ，山地が海岸までせまっているところが多いので，川は一般的に**短く，勾配が急で，流れも速い。**流出率，河況係数はともに高く，暴れ川が多い。

★6　東北日本では南北方向，西南日本では北東から南西方向または東西方向に並ぶ。

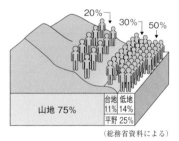

▲地形別にみた日本の人口の割合

❸平地　平野や盆地は規模が小さく，大部分が，海岸や川にそって各地にちらばっている。扇状地や三角州などの沖積平野は，生産力に富み，人口が集中している。

❹海岸　一般に複雑で変化に富む。リアス海岸も発達。

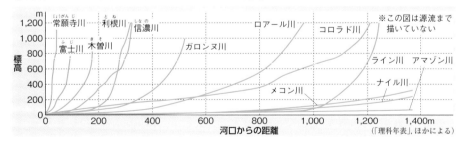

▲日本の河川と外国の河川の勾配

2 | 日本の気候

1 気温と降水量

❶**気温**　季節風(モンスーン)の影響で,夏は高温多湿,冬は緯度(いど)の割に低温となり,年較差(ねんかくさ)が大きい(東岸気候(とうがん))。

❷**降水量**　夏は,太平洋方面から南東季節風が吹き,おもに梅雨(つゆ)や台風(たいふう)により,太平洋側の降水量が多い。冬は日本海上で水蒸気をふくんだ北西季節風が,日本海側に多量の雪を降らせる。瀬戸内地方(せとうち)では降水量が比較的少なく,水不足になりやすい。

2 多様な気候

　日本は地形が複雑で,南北方向に細長く位置しているため,気候の地域差が大きい。例えば,梅雨は沖縄では5~6月,九州・四国・本州では6~7月で,北へ行くほど降水量は少なくなり,北海道ではほとんどみられない。また季節変化も多様である。

　東北地方では初夏にやませとよばれる**冷たく湿(しめ)った北東風**が吹き続け,曇(くも)り空が続く。その結果,低温と日照不足になり水(すい)稲(とう)などに被害を生じさせる冷害が発生する。瀬戸内地方では,夏は四国山地,冬は中国山地にさえぎられるため**季節風の影響が弱い。**夏は少雨になりやすい。

POINT!

①**東北地方**〔太平洋側〕…初夏→**やませ**〔**北東風**〕による

冷害。

②**瀬戸内地方**…夏→季節風の影響が弱く少雨,干害。

3 気候のとらえ方

❶**気候要素による区分**　ケッペン(⯈p.93)による南北の区分と,太平洋側と日本海側の気候の著(いちじる)しい対照の組み合わせから区分する。[★1]

❷**気団による気候のとらえ方**　日本の周辺には4つの気団があり,これらが出現したり,退いたりして,日本の気候が形成されるとする。[★2]

★1 ケッペンの区分によれば,北海道が亜寒帯湿潤気候(Df),その他の地域が温暖湿潤気候(Cfa)となる。

★2 世界には,4つの大きな気団があり,その間の3つの境界部分とで,世界を7つの気候区に区分する(アリソフによる区分)。

4 都市気候

　都市化にともなう都市部にみられる局地的な気候を都市気候★3という。人間活動による人工熱の排出，建造物の増加，アスファルトやコンクリートが熱を蓄（たくわ）えることにより，郊外に比べ**都心部の気温が島状に高くなるヒートアイランド現象★4**などが起きる。都市で温められた空気は上昇気流となり局地的豪雨（きょくちてきごうう）の原因となる。

★3 都市内部での高層建築物によるビル風も都市気候の1つである。

★4 昼間よりも夜間，夏季よりも冬季に顕（けん）著に現れる。

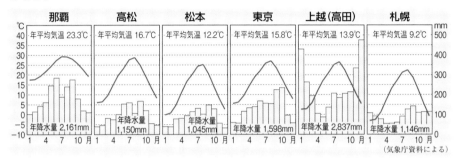

▲日本各地の気温と降水量

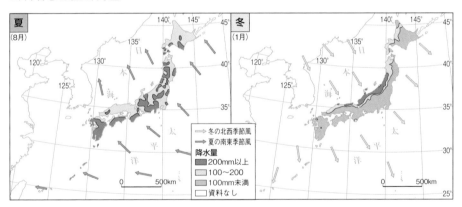

▲夏と冬の季節風と降水量

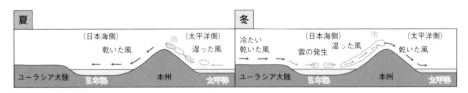

▲夏と冬で降水量が変化するしくみ

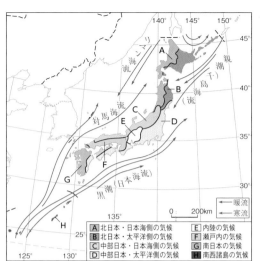

▶1 自然環境と防災

◀気候要素による日本の気候区分
（松本淳・井上知栄による）

下のＡ～Ｈは，地図中の記号と対応。

Ａ：冬はひじょうに寒く夏も涼しい。梅雨が不明瞭。冬に雪が多い。

Ｂ：Ａと同様だが，冬の雪は少ない。

Ｃ：冬は寒く夏は暑い。梅雨と秋雨が明瞭で，冬に雪が多い。

Ｄ：Ｃと同様だが，冬の雪は少ない。

Ｅ：冬は寒い。年間を通じて降水量が少なく乾燥する。

Ｆ：冬はやや寒く夏は暑い。年間を通じて降水量が少ない。

Ｇ：冬はやや寒く夏は暑い。梅雨がひじょうに明瞭で，冬の雪は少ない。

Ｈ：年中温暖で，梅雨や台風の影響が大きい。

地図凡例：
Ａ 北日本・日本海側の気候　Ｅ 内陸の気候
Ｂ 北日本・太平洋側の気候　Ｆ 瀬戸内の気候
Ｃ 中部日本・日本海側の気候　Ｇ 南日本の気候
Ｄ 中部日本・太平洋側の気候　Ｈ 南西諸島の気候

▶日本の最高気温…2018年7月に熊谷（埼玉県），2020年8月に浜松（静岡県）でいずれも41.1℃。

▶日本の最低気温…気象庁公認記録では－41.5℃（1931年1月，北海道美深町）。
（いずれも2022年現在）

補説　**気団による気候のとらえ方**　気温や湿度などの性質がほぼ一様な，広域にわたる大気のかたまりを気団という。1つの気団のもとでは，一定の天候が現れるので，気団の種類とその移動によって，気候を総合的に把握し，気候区分を行うことができる。日本の周辺にはシベリア気団，長江気団，オホーツク海気団，小笠原気団の4つがある。

	気団	気団の性質	日本の気候
冬	シベリア気団	寒冷，乾燥	冬の**北西季節風**を吹きだす。日本海を通過するときに多湿となり，日本海側に大量の積雪をもたらす。太平洋側は乾燥したからっ風が吹き，好天が続く。
春・初夏・秋	長江気団	温暖，乾燥	春と秋に，**移動性高気圧**として日本に現れる。好天となる。（温帯低気圧と交互に現れる）
	オホーツク海気団	冷涼，湿潤	梅雨期や秋に，冷涼な北東風（やませ）として日本に来る。小笠原気団との間に，**梅雨前線**を形成する。
夏	小笠原気団	高温，湿潤	梅雨期～夏に太平洋からはり出し，高温多湿な**南東季節風**を吹きだす。好天でむしあつい。

▲▼日本列島周辺の4つの気団と季節

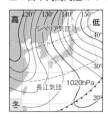
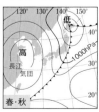
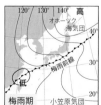
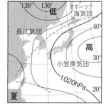

^{SECTION}
② 日本の自然災害と防災

▶ 日本は，数多くの自然災害の被害を受けてきた。自然災害は，地震災害・津波，火山災害，豪雨などの気象災害の３つに大別できる。自然災害には，正しい知識と備えが必要であり，防災対策，減災への取り組み，危機管理体制がとられている。

1 ｜ 地震・津波

1 地震・津波による被害

変動帯に位置する日本は世界的にみても地震が多い。

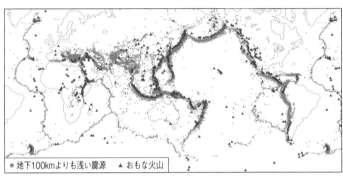

▲世界の地震と火山の分布

● 地下100kmよりも浅い震源　▲ おもな火山

　プレートの沈み込みや衝突によって，地表や上部マントルなどにさまざまな方向から力が加わり，たまった力が一定以上になると岩盤が破壊される。その際に生じた振動によって地震が起きる。地震の規模はマグニチュード(M)，揺れの大きさは震度で示される。揺れはＰ波やＳ波になって四方に広がる。

補説　地震が発生したとき，Ｐ波による小さな揺れの少しあとに，大きな被害をもたらすＳ波による大きな揺れを感じる。これはＰ波の方が速く伝わるためで，Ｐ波とＳ波の到達時間の差は，震源地から離れるほど大きくなる。

★1 地震，津波，火山などおもに地下の動きによって引き起こされる災害を地象災害，大気中の温度や湿度，大気圧などの大気変動により生じる災害を気象災害(⊂ｱ p.187) とよぶこともある。

★2 マグニチュードの値が１大きくなると地震のエネルギーは約32倍となる。

★3 0から7の数字で各地点の揺れの大きさを示す。震度5と6は弱と強に分かれ計10段階となる。

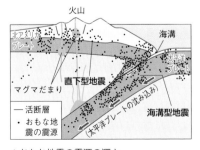

▲おもな地震の震源の深さ

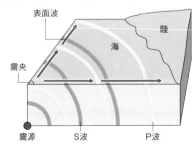

▲地震のしくみ

❶海溝型地震　プレート境界にたまったひずみによる。津波
が発生し海岸地域に被害をもたらす。

❷直下型地震　内陸部の活断層がずれ動く。規模が小さくて
も震源に近い都市に大きな被害をもたらす。

❸震災の被害　山間部で土砂災害，河川域で堤防決壊や洪水，
沿岸部で津波などが起きる。**地盤が軟弱な地域では液状化現
象が発生することもある。**

> 補説　**液状化現象**　水分をふくむ軟弱な地盤が，揺れにより液体のようにな
> る現象。三角州や旧河道，埋立地で発生しやすい。

❹二次災害　火災の発生やライフラインの断絶[★4]も起きる場合
がある。

★4 道路の寸断に
よる集落の孤立化，
停電や水道・ガスが
止まることなど。
2018年の北海道胆
振東部地震では北海
道全域が停電した。

POINT!
① 海溝型地震…プレート境界→津波の発生，沿岸部の被害。
② 直下型地震…活断層のずれ→都市被害の可能性。

海溝型地震のしくみ↓

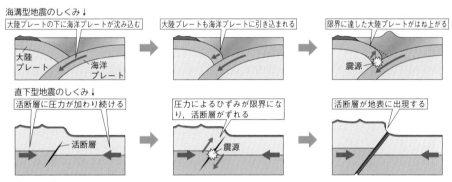

| 大陸プレートの下に海洋プレートが沈み込む | 大陸プレートも海洋プレートに引き込まれる | 限界に達した大陸プレートがはね上がる |

大陸プレート　海洋プレート　　　　　　　　　　　　　　　震源

直下型地震のしくみ↓

| 活断層に圧力が加わり続ける | 圧力によるひずみが限界になり，活断層がずれる | 活断層が地表に出現する |

活断層　　　震源

▲地震が発生するしくみ

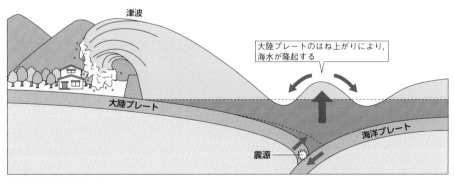

津波

大陸プレートのはね上がりにより，
海水が隆起する

大陸プレート　　海洋プレート　　震源

▲津波が発生するしくみ

自然環境と防災

2 地震・津波と防災

❶これまでの地震　1995年の阪神・淡路大震災と2011年の東日本大震災では，多くの被害があった。震災復興が行われ，これを教訓にさまざまな防災への取り組みがすすめられている。

	阪神・淡路大震災	東日本大震災
発生日	1995年1月17日	2011年3月11日
マグニチュード	7.3	9.0
地震型	直下型	海溝型
被災地	都市部中心	農林水産地域中心
震度6弱以上県数	1県(兵庫)	8県(宮城，福島，茨城，栃木，岩手，群馬，埼玉，千葉)
津波	数10cmの津波の報告あり(被害なし)	各地で大津波を観測(最大波：相馬9.3m以上，宮古8.5m以上，大船渡8.0m以上)
死者・行方不明者	およそ6,400名	およそ23,000名
住家被害(全壊)	およそ104,000	およそ103,000
被害の特徴	建築物の倒壊。神戸市長田区を中心に大規模火災が発生。	大津波により，沿岸部で甚大な被害が発生。多数の地区が壊滅。
災害救助法の適用	25市町(2府県)	241市区町村(10都県)※長野県北部を震源とする地震で適用された2市町村(2県)をふくむ。
震度分布図(震度4以上を表示)		

▲阪神・淡路大震災と東日本大震災の比較

❷地震予測　いつ，どこで地震が起きるかは予測できないが，どこでどんな地震が起きればどうなるのかは予測できるといわれる。将来，首都直下型地震や南海トラフ地震の発生が予測されており，これまでの経験から震災について学ぶ姿勢や，自分のこととして防災知識を得ることが重要である。阪神・淡路大震災をきっかけに設置された地震調査研究推進本部は，地震の被害を減らすため，調査や研究を推進している。

★5 政府の特別な機関。

❸直下型地震　内閣府は首都直下で起きる地震を震度7程度と予測している。都市地域での交通まひやインフラ障害，延焼・消火体制などの被害様相や経済的損失の予測に対して，耐震化などの対応策を検討している。

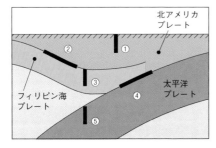

北アメリカプレート

フィリピン海プレート

太平洋プレート

◀5つの震源の模式図(防災科学技術研究所による)
①地表近くの活断層による地震
②フィリピン海プレート上面にそうプレート境界型地震（低角逆断層型）
③フィリピン海プレートの中の内部破壊による地震
④太平洋プレート上面にそうプレート境界型地震(低角逆断層型)
⑤太平洋プレートの中の内部破壊による地震

❹南海トラフ巨大地震　政府の中央防災会議は，近いうちにマグニチュード8～9，最大震度7の巨大地震が発生し，神奈川県から鹿児島県までの広い範囲で強い揺れを観測すると予測している。太平洋側の沿岸部では，高い津波による被害も予想される。

★6 トラフとは，海溝よりは浅くて幅の広い，海底の溝状の地形のこと(⇨p.175)。

POINT!

①直下型地震…阪神・淡路大震災(1995年)，首都直下型地震など。
②海溝型地震…東日本大震災(2011年)，南海トラフ巨大地震など。

⊣ TOPICS ⊢

ハザードマップを活用する

ハザードマップ(防災地図)は，将来発生する可能性がある災害の範囲や被害状況を予測した地図で，避難所なども記載されている。住民の災害意識を高め，災害発生時の行動を準備する際に有効である。

● ハザードマップのおもな入手方法

① ハザードマップポータルサイト

国土地理院が公開しているウェブサイト。災害リスクの情報や防災に役立つ情報を，地図や写真に重ねて表示できる「重ねるハザードマップ」と，市区町村が作成したハザードマップを，みつけやすくまとめたリンク集「わがまちハザードマップ」が閲覧できる。

② 各市区町村など

紙版のハザードマップを，役所などで入手することができる。

▼災害の種類

災害の種類	ハザードマップで示される内容
地震	津波被害や土砂災害の予想範囲。液状化の危険性。
津波	浸水域と浸水深。高台への避難方向。
火山	火砕流や溶岩流の到達範囲。土石流の発生箇所。
洪水	浸水域と浸水深。
土砂災害	崖崩れ，地滑り，土石流が発生する危険箇所。

2 | 火山災害と防災

1 火山災害

❶ **火山の分布** 日本は多くの活火山を有する世界有数の火山国である。活火山は火山前線(火山フロント)とよばれる列をなしている。

❷ **火山災害** 噴石や火山灰，火山ガスの噴出，火砕流や溶岩流，土石流など。

火砕流	高温のガスが砂礫・火山灰とともに高速で流れ下る。
溶岩流	マグマ(溶岩)が流れ下る。
土石流	砂礫などが水とともに流れ下る。豪雨でも起きる。

★1 約1万年以内に噴火した火山や現在活発な噴気活動のある火山。日本には第四紀(約260万年前から現代まで)に生成した火山が400以上あるといわれており，そのうちの111は活火山である。

▲活火山の分布

▲火山のめぐみと火山災害

2 火山の恩恵と火山との共生

❶**火山の恩恵**　温泉や地熱発電（⤷p.145）★2など。なだらかな山麓は放牧地や避暑地に利用され，観光地にもなる。世界ジオパークに認定される地域もある。

補説 **世界ジオパーク**　ユネスコの国際地質科学ジオパーク計画（IGGP）の一事業で，国際的に価値のある地質遺産を保護し，そうした地質遺産がもたらした自然環境や地域の文化への理解を深め，科学研究や教育，地域振興等に活用することにより，自然と人間との共生および持続可能な開発を実現することを目的とする。

　現在，世界で46か国・177地域が認定されており（2022年4月現在），日本からは9地域（洞爺湖有珠山，糸魚川，島原半島，山陰海岸，室戸，隠岐，阿蘇，アポイ岳，伊豆半島）が登録されている。

★2 日本では1966年に運転を開始し，東北や九州を中心に稼働。世界ではインドネシア，フィリピン，ニュージーランドなどでさかん。

❷火山との共生　九州南部のシラス台地では，水分を保持しにくい性質からサツマイモなどが栽培されてきた。現在では，台地に水を届けるダムや水路も建設され，茶なども栽培される。長崎県の島原半島では，1990年以降の雲仙岳の噴火によって大きな被害があった。火砕流や土石流を防ぐために大規模な砂防施設や避難シェルターがつくられた。

▲避難シェルター（長野県，浅間山）

❸火山災害の対策　日本の111の活火山については，気象庁，大学，国土地理院，その他の研究機関による監視，観測が行われている。国土交通省では火山噴出物などの流れをおさえるハード対策と監視カメラなどの警戒避難体制の整備のソフト対策からなる総合的な火山噴火対策を行っている。[★3]

★3 火山噴火にともなう土砂災害のシミュレーションをもとに土砂災害予想区域図（火山砂防ハザードマップ）の作成，リアルタイムハザードマップの提供体制の構築，監視カメラや各種センサーによる情報伝達体制の整備などを実施。

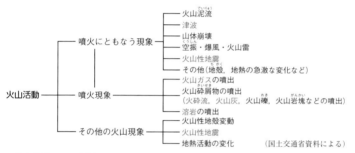

▲火山災害とその対策

∖ TOPICS ∕

火山災害に備える

• 火山の地図（国土地理院）

　国土地理院では，日本の活火山のうち，火山防災のために監視・観測体制の充実等が必要な火山を対象に，火山噴火予知や防災対策の基礎資料となる地図を作成している。**火山基本図（火山基本図データ）**は縮尺5千分の1または1万分の1，**火山土地条件図**は縮尺1万分の1から5万分の1の地図が整備されている。おもな火山の火山基本図・火山土地条件図については，「地理院地図」（⇨p.38）でもみることができる。

• 砂防対策（国土交通省）

　災害被害を最小限におさえるため，国土交通省ではさまざまな火山施設を整備している。施設には，噴火によって発生した火山噴出物や，降雨による土石流などをおさえる砂防えん堤などがある。また，おもな火山では「火山噴火リアルタイムハザードマップシステム」が運用されており，火山噴火が発生すると，周辺の各市町村へ，状況に応じたハザードマップが提供されるようになっている。

3 | 気象災害と防災

1 気象災害

❶**気象災害の種類**　大気中の温度や湿度，大気圧などの大気
変動により生じる災害を気象災害という。

気象災害	内容
水害・洪水	大雨が長時間続き，河川が氾濫するなどの被害。
大雪	降雪が数日以上続き，交通網の寸断やインフラ設備の故障がみられる。とくに北海道，日本海側，北日本の山間部に多い。
暴風	台風などによって発生する，警報基準以上の風。おおむね風速20m/s以上の強く激しい風によって，家屋の損壊・倒壊や，沿岸部での高波・高潮で浸水などの被害。
竜巻	発達した積乱雲にともなう強い上昇気流によって発生する激しい渦巻き。建物の損壊などの被害。
落雷	雷は，雲にふくまれる水滴などがぶつかり発生した静電気が，雲の中で増大して空気中へ放電する現象。落雷による停電や家屋・人への直撃による損壊・損傷，山火事などの被害。

❷**台風**　大雨，洪水，暴風，高波，高潮などをもたらす。川
の氾濫や土石流，崖崩れ，地滑りなどが発生しやすくなる。

> 補説　**高潮**　台風など強い低気圧によって，波が高くなると同時に海面の水
> 位も上昇すること。発生原因として，大気圧の低下にともない，海面が吸
> い上げられるように上昇する「吸い上げ」と，湾口から湾奥に向けて強風
> が吹き続けることにより，湾の奥に海水が吹き寄せられて海水面が上昇す
> る「吹き寄せ」とがある。

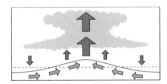 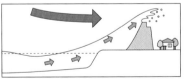

▲気圧低下による吸い上げ効果のイ　▲風による吹き寄せ効果のイメージ
メージ

❸**洪水**　日本では，夏の時期に梅雨前線の停滞や台風による
大雨の気象条件に加えて，**山地が急峻で河川の勾配が急であ
るという地形条件**，河口部や海岸部の人口が多いという社会
条件が加わり水害・洪水の被害が多いといえる。

❹**都市化による変化**　近年では都市部を中心に短時間に狭い範囲でひじょうに激しく降る**局地的大雨**(ゲリラ豪雨)や集中豪雨が頻発している。とくに開発がすすんだ都市部では，地表面がアスファルトなどで覆われているため，**降雨が地中に浸透せず，河川水位が急激に上昇**したり，道路，住宅の浸水，地下街，道路のアンダーパスなどの地下空間の水没の被害も発生している。

2 気象災害への取り組み

❶**洪水への取り組み**　国土交通省では河川氾濫が生じても水害が拡大しないように「流域治水」という新たな方針を打ち出した。

1 氾濫をできるだけ防ぐ・減らすための対策。

2 被害対象を減少させるための対策。

3 被害の軽減・早期復旧・復興のための対策。

▶1 はこれまでの治水事業と同じくダムや堤防工事，河川改修，雨水浸透施設の整備を行う。2 は浸水しやすい土地の宅地制限や浸水に強い家屋構造の改築などである。3 は水害危険性や水害軽減方策に関する情報提供などである。

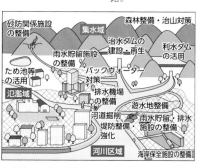

▲洪水への取り組み

▶氾濫の種類

　　外水氾濫…河川が氾濫や堤防が決壊することで市街地に水が流れ込む現象。

　　内水氾濫…排水が雨量に追いつかず建物や土地が水に浸かる現象。

❷**大雪への取り組み**　大雪により雪崩や路面凍結，スリップ立ち往生が起こり，交通網の寸断が起きる。交通の確保のために融雪設備の設置，凍結防止剤の散布や除雪作業を行う。また，防雪林，防雪柵，雪崩防止用のスノーフェンスが設置される。豪雪地域では高齢化，過疎化がすすみ，除雪作業の人材不足も課題である。

★1 都市特有の水害として都市型水害ともよばれる。

★2 地下空間は，地上の状況が把握しにくく，氾濫水が一気に流入する，避難経路が限定されるなどの理由により，浸水に対してひじょうにリスクが高い。

★3 交差する鉄道や道路などの下を通過するため，周囲より低くなっている道路。

★4 道路に埋め込まれた消雪パイプから，地下水や河川水を流し雪を融かす設備。

❸ 防災・減災

　災害時には，情報の収集や活用・発信が重要である。これは被災地への支援や復旧，復興にもつながる。

　災害への心構えには，個人や家庭で備え，自分自身を守る自助_{じょ}，地域の住民やボランティアなど周囲の人々と協力して助け合う共助_{きょうじょ}，国や自治体など公的機関による救助・援助_{えんじょ}である公助_{こう}_{じょ}がある。また，災害の被害をより小さく抑えるために，あらかじめ対策を行っておく減災も重要である。

⊣ TOPICS ⊢

台風と線状降水帯
_{たいふう}　_{せんじょうこうすいたい}

● 台風のしくみ

　熱帯の海洋上で発生する空気の渦巻き_{うず}を熱帯低気圧といい，このうち北西太平洋または南シナ海に存在し，かつ最大風速が約17.2 m/s以上にまで発達したものを，台風 (Typhoon)という。**普通の低気圧との最大の違いは，前線をともなっていないことで**ある。

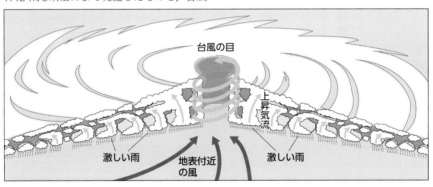

台風の目

上昇気流_{おさ}

激しい雨　　　地表付近の風　　　激しい雨

▲台風の構造

● 線状降水帯のしくみ

　線状降水帯は，積乱雲_{せきらんうん}が同じ場所で次々発生することで生じる帯状の降水域。数時間にわたり積乱雲が同じ場所を通過したり停滞することで，大雨をもたらす。

　線状降水帯が発生すると災害の危険性が高まる。そのため，気象庁は2022年6月から，線状降水帯が発生するおそれのある場合には，半日から6時間前までに気象情報で発表する取り組みを開始している。

⌐ TOPICS ⌐

深刻化する熱中症

　地球温暖化やヒートアイランド現象などにより，気温が上昇している。気象庁によると1898年から2021年の日本の年平均気温の経年変化をみると，長期的には100年あたり1.28℃の割合で上昇している。とくに1990年代以降，高温となる年が頻出している。また，**最高気温が35℃以上の猛暑日や最低気温が25℃以上の熱帯夜の日数**は増加し，最低気温が0℃未満の冬日は減少している。

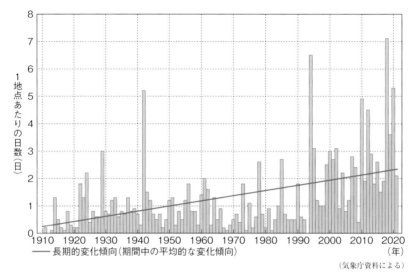

—— 長期的変化傾向（期間中の平均的な変化傾向）　　　　　（年）

（気象庁資料による）

▲日最高気温35℃以上（猛暑日）の年間日数の推移（全国13地点平均）

　暑さ指数（WEGT〔湿球黒球温度：Wet Bulb Globe Temperature〕）は，熱中症を予防するための指標である。熱中症による緊急搬送者数や死亡者数が近年急増したことをうけ，環境省と気象庁は連携し，熱中症予防対策の情報発信として，「熱中症警戒アラート」の運用を開始した。

　熱中症の危険性が極めて高くなると予測された際に，危険な暑さへの注意を呼びかけ，熱中症予防行動を促すための情報である。環境省の熱中症予防情報サイトで見ることができる。

熱中症予防情報サイト（環境省）▶

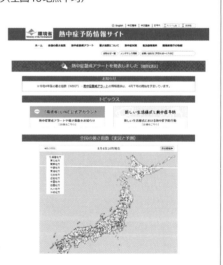

⊣ TOPICS ⊢

降雪量の多い日本の都市

　日本の雪国の都市(北陸など)はヨーロッパや北アメリカの大都市よりもより低い緯度(い)(ど)に位置するが，降雪量(降雪の深さ)は同等以上となっている。理由を考えてみよう。

【ヒント】
①各都市の気候区・立地
②各都市の冬の降水量

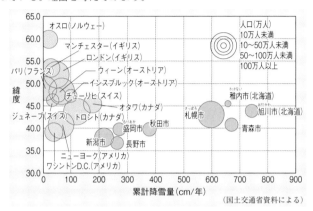

▲積雪寒冷地域の降雪量，緯度，人口

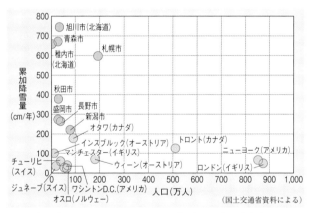

▲各都市の降雪量の比較

(日本の降雪量は気象庁のホームページ，世界の降雪量は各都市のホームページ等から参照しており，計測方法は異なる可能性がある。)

【理由：例】
①マンチェスター：西岸海洋性気候で冬は緯度のわりに気温が下がらない。
②10月～3月に最も多い月の降水量→オスロ：95.6mm(10月)，旭川：114.5mm(11月)

CHAPTER

2 ≫ 地域調査

まとめ

SECTION 1 地域調査 ☞ p.192

□ **地域調査の準備**
- ・地域調査…地理的な技能を活用して，地域的な特色や課題をとらえようとする研究手法。
  ①課題(調査テーマ)の設定
  ②調査地域の選定
  ③事前調査(デスクワーク)…地図，空中写真，統計データなどの資料を利用。
  ④仮説立て

□ **地域調査の実施**
- ・現地調査(フィールドワーク)…現地でしか集めることができない情報を入手する。聞き取りや資料の収集，地形や景観(けいかん)の野外観察，撮影などを行う。

□ **調査の分析と発表**
- ・**調査結果の分析・考察**…グラフや地図，表などにまとめ，分析・考察する。
- ・**調査結果のまとめと発表**…調査結果とその分析・考察を報告書にまとめ，発表会などで発表する。→レポートやポスター，プレゼンテーション用のスライド。

SECTION 1 地域調査

▶ 地域調査とは，地理的な技能を活用して地域的な特色や課題をとらえようとする研究手法をいう。準備，実施，分析・発表の手順で行われる地域調査は，生活圏などの身近な地域の課題を浮き彫りにすることができる。

1 │ 地域調査の準備

1 課題の設定

地域調査の目的を明確にし，その目的にあったテーマや課題を設定する。

2 調査地域の選定

　調査のテーマや課題にかなった調査対象地域や範囲を選定する。直接調査ができる生活圏など調査地域を決めてから，調査テーマや課題を設定してもよい。

3 事前調査（デスクワーク）

　現地に出かける前に文献，資料，統計データ，地図，空中写真などで，調査地域の全体像や概要をつかむ。データベース化された統計データをグラフ化したり，地図上に表示したりすることも有効である。

資料の種類	入手先
最新の地形図	書店，図書館，電子地形図25000，地理院地図
旧版の地形図	国土地理院，図書館
住宅地図	図書館，インターネット
都市計画図	市区町村の役所・役場
市区町村の人口統計や産業統計	市区町村のウェブサイト，RESAS，e-Stat（政府統計の総合窓口）
観光パンフレット	市区町村の役所・役場，駅，観光案内所
市区町村史など	図書館，郷土資料館

▲調査に関する資料と入手先の例

4 事前調査に必要な資料

　地域の概要を知るにはさまざまな地図★1，空中写真，市勢（町勢・村勢）要覧，国勢調査，ウェブサイトなどが有効である。道路地図，海図などのほか，各種の統計地図もふくまれる。

　補説　ある地域の人口，社会，産業，交通などを知るためには，政府や自治体の統計資料（⇨p.48），商工会議所や農業協同組合などの各種資料が利用できる。ウェブサイトから入手できるものも多い。また，地域の歴史や文化を知るためには，郷土史誌，郷土資料館・博物館や観光協会の資料，調査地域のホームページなどが活用できる。

★1 地図に関しては，国土地理院の地理院地図（⇨p.38）や紙の地形図も閲覧できる。新旧の地形図を比較すると変化の様子がよくわかり効果的である。

5 仮説立て

課題や問いに対して，事前調査によって得られた情報から仮説を立ててみる。仮説が正しいかどうかを確かめるための，現地での野外観察や聞き取り調査などの調査方法を考えていく必要がある。

野外観察	観察・観測したことを記録するための，地図・道具などを用意しておく。
聞き取り調査	事前に調査先に依頼をして予約を取っておく。質問事項をまとめておく。
写真撮影	事前に撮影ポイントのあたりをつけておく。被写体のプライバシーに留意する（人物を撮影する際には許可を取る）。
現地での資料収集	事前に資料がどこにあるか調べておく。必要なら訪問の予約をする。

▲現地調査における調査方法

TOPICS

e-Stat（政府統計の総合窓口）(⇨p.48)

各府省庁が公表する統計データをまとめて閲覧することができる，総務省統計局の政府統計ポータルサイト。
• 統計データを探す
統計を作成した府省ごとや分野別，キーワードなどから検索することができる。分野は，人口・世帯，農林水産業，企業・家計・経済，など17にわけられており，統計調査の名称がわからないときでも探しやすくなっている。また，キーワード検索では「野菜」などの単語からでも，関係する統計を絞り込むことができる。
• 統計データを活用する
サイト内の統計データを，グラフや地図で表示し，ダウンロードすることもできる。「地図で見る統計(jSTAT MAP)」は，市区町村単位だけでなくメッシュデータでの表示も可能。

RESAS（地域経済分析システム）(⇨p.48)

内閣官房（デジタル田園都市国家構想実現会議事務局）及び経済産業省が，産業構造や人口動態，人の流れに関する官民のビッグデータを集約し，可視化するシステムとして提供。英語表記(Regional Economy (and) Society Analyzing System)の頭文字をとって「RESAS（リーサス）」とよばれる。

2 | 地域調査の実施

1 現地調査の計画

　現地を訪問する際には，効率的に調査できるように，調査日程と調査方法をあらかじめ検討する。また，訪問先へ依頼状を送付するなど事前に取材相手に連絡を取る。聞き取り調査やアンケート調査を実施する場合には，質問事項を整理しておく。

2 ルートマップの作成

　現地調査を効率的に行えるように，歩く道順など移動経路を示した地図(ルートマップ)を作成しておくと有効である。また，予定時間も検討しておく。

3 グループによる調査

　グループで手分けをして調査を行うことは有効である。その場合，事前に質問項目や調査内容を確認しておく必要がある。

4 持ち物

　フィールドノート，地形図，ルートマップ，磁石，スマートフォン，カメラなどの記録媒体を用意する。

5 現地調査(フィールドワーク)[1]

　関係者からの聞き取りや資料の収集，地形や景観の野外観察，写真や映像の撮影など，**現地でしか集めることができない情報を入手するという目的**がある。特に，野外観察や聞き取りでは，その場で地図やフィールドノートに記録することが重要である。写真や映像を撮影する場合には，撮影される側のプライバシーに配慮することも必要である。

★1 **野外調査**ともいう。

★2 調査者自身が入手したオリジナルの資料や情報を，一次資料という。

┌ TOPICS ┐

離れた地域の調査

● 文献や資料による調査

①文献や資料調査の意義
　遠隔地や外国のように現地調査の実施が難しい場合は，文献や資料によって調査を行う。

②文献や資料調査の手順
　まず調査の目的と課題，調査方法を明確にする。身近な地域と比較できる対象地域を選ぶと，目的，課題，方法などを設定しやすい。次に，文献や資料を実際に収集★3し，その後，分析と検討を重ねて報告書にまとめる。★4

③文献や資料調査の収集
　地図帳や新聞記事のほか，旅行会社のパンフレットや市販の旅行ガイドブック，図書館などにある百科事典，年鑑類，専門書などを利用する。また，外国の調査の場合は，大使館や観光局への問い合わせも有効★5である。

④インターネットを利用
　インターネットからはさまざまな情報を入手できる。しかし，ウェブサイトやSNS（ソーシャル・ネットワーキング・サービス）の情報には信頼できないものや，公正でないものなどがふくまれているので，数多くの情報から目的に応じたもの，**信頼できるものを選択して利用すること**が必要である。現地の人への電子メールによる聞き取りを実施することもできる。

★3　調査地域の居住者や訪問者が近くにいる場合は，聞き取り調査も可能である。
★4　引用した文献(出典)は明記する。
★5　必要に応じて専門的な研究を行っている大学へ問い合わせるのもよい。

3 ｜ 調査の分析と発表

1 調査結果の分析・考察
　すみやかに調査結果を項目ごとに整理し，仮説が正しいかどうか検証を行うために，得られた情報を整理・分析する必要がある。その際，グラフや地図，表などにまとめることも有効である。事前調査で準備した各種統計や文献資料とも照合・比較を行い，仮説を検証する考察を行う。

2 再調査
　考察段階において，現地調査が不十分であることが判明した場合や新たな問いや確認したい事項があれば，再調査を行うこともできる。

2
地域調査

③ 調査結果のまとめ

　地域調査の内容について，収集した資料を図表化・地図化し，文章で考察を加えて，レポートやポスター，プレゼンテーション用のスライドなどにまとめ，報告書を作成することが一般的である。報告書の最後には，参考にした文献・資料の一覧や調査でお世話になった人々や諸機関の一覧を記す。

> 補説　グラフの活用
> ①**折れ線グラフ**　1つの事象(系列データ)について，時間経過などにともなう数値の連続的な変化を示すのに適している。
> ②**棒グラフ**　数値の大きさを表すのに適しており，複数の項目を比較する際に使われる。数値の変化を示す場合にも使われる。
> ③**柱状グラフ**　度数分布表をグラフ化したものであり，横軸に階級，縦軸に度数をとる。

④ 発表会

　報告書の作成後には発表会を開き，その内容について他者の意見や考えを聞くことも重要である。
❶**ポスターセッション**　模造紙などに調査結果をまとめてグループごとに発表し合う形式。質疑応答を通じて理解を深めることができる。
❷**プレゼンテーションソフト**　パソコンのソフトを活用して，視覚的にわかりやすい発表にすると効果的である。地図・グラフの挿入や，アニメーション効果をいれることもできる。

⑤ 関係者への礼状の送付

　報告書の作成後，調査でお世話になった人々や諸機関に，報告書とともに礼状を送付したり，発表会に招待したりするのがマナーである。

［地域調査］
① **準備**…課題・地域の設定，事前調査(デスクワーク)。
② **実施**…調査の計画，現地調査(観察，聞き取り，アンケート調査など)。
③ **整理**…調査結果の分析・考察(再調査)，報告書，発表，礼状の送付。

特集

新旧地形図の比較 −地域の変化・開発−

▶ ここに着目
　①変化が小さい→古くからある神社・寺院，道路，河川に着目。
　②変化が大きい→地域開発のパターンに着目。
　③地形図の表記方法や新しい地図記号に着目。

○地域開発のいくつかのパターン（他の地域も探してみよう！）

	変化	地域
城郭 （じょうかく）	城郭→軍施設→大学→公園へ	金沢，名古屋，仙台など （かなざわ　なごや　せんだい）
港湾や河川	工業地域の発展，災害復興による堤防・護岸工事など	鹿島港（茨城県），川崎港（神奈川県）， （かしま　　　　　かわさき） 水島港（岡山県），陸前高田市（岩手県） （みずしま　　　　りくぜんたかた）
農地	農地→工場→大規模な商業施設	郊外や山間地など
高速道路	高速道路開通とニュータウン造成，ショッピングセンター	神戸市北区，愛知県みよし市，佐賀 県鳥栖市（北部丘陵新都心）など （とす）

○ 【災害】陸前高田市（岩手県）−東日本大震災の影響による変化−

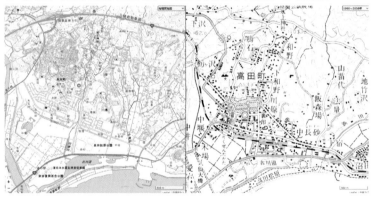

▲震災後（2023年）　　　　　▲震災前（1990〜2008年）
　　　　　　　　　　　　　　（地理院地図，「今昔マップon the web」により作成）

着眼点 ・津波で「りくぜんたかた」駅が消失。鉄道不通。2013年から「大船渡線BRT」（バス高速
　　　　　　　　　　　　　　　　　　　　　　　　　　　　　（おおふなと）
　　　　　輸送システム）が運行。
　　　　・建築物の変化：移転…市役所，小学校，住宅。新規…図書館，消防署，老人ホーム。残存
　　　　　…神社，寺院，高等学校。
　　　　・元の市役所の場所にはショッピングモールができている。
　　　　・震災遺構施設，公園が沿岸部につくられる。
　　　　・住宅地の移転。高台内陸部の住宅開発。

○【港湾開発】鹿島港（茨城県）－工業地域の開発，掘り込み式港湾－

鹿島港は，鹿島灘と北浦に挟まれた砂丘を掘り込んで建設されたY字型の掘り込み式港湾。岸壁の総延長は17kmにも達し，日本国内最大規模を誇る。

着眼点
・池や河川を利用して掘り込む。掘り込んだ土砂で池や川を埋める。
・元は針葉樹（地図記号∧）が広がっていた。
・専用鉄道線，国道が敷設される。近年，海岸部に「風車⚡」が設置された。
・造成地の高さが5〜7mで一定。

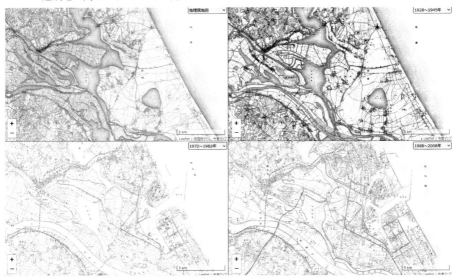

▲1894〜1915年（左上），1928〜1945年（右上），1972〜1982年（左下），1988〜2008年（右下）

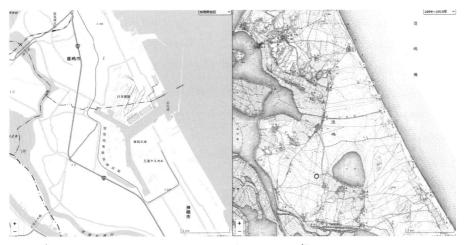

▲2023年　　　　　　　▲1894〜1915年

（地理院地図，「今昔マップon the web」により作成）

☑ 要点チェック

CHAPTER **1**　自然環境と防災	答
☐ 1　日本列島のような弓なりに連なる島の列を何というか。	1　弧状列島(島弧)
☐ 2　日本列島を東西に分ける大地溝帯の別名は何か。	2　フォッサマグナ
☐ 3　西南日本を内帯と外帯に分ける構造線は何か。	3　中央構造線
☐ 4　大地溝帯の西縁である構造線は何か。	4　糸魚川・静岡構造線
☐ 5　日本列島が位置している造山帯は何か。	5　環太平洋造山帯
☐ 6　飛騨山脈・木曽山脈・赤石山脈の3つの山脈を何というか。	6　日本アルプス
☐ 7　日本の国土の約75%を占める地形は何か。	7　山地
☐ 8　日本の人口の約80%が集中している地形は何か。	8　平野
☐ 9　1年のうちで日本の気温・降水量の変化が大きいのは，何の影響を受けているからか。	9　季節風(モンスーン)
☐ 10　東北地方に冷害をもたらす初夏の北東風を何というか。	10　やませ
☐ 11　夏の降水量が少なく，水不足になりやすいのはどの地方か。	11　瀬戸内地方
☐ 12　ビル風など，都市部にみられる局地的な気候を何というか。	12　都市気候
☐ 13　郊外に比べ都心部の気温が島状に高くなる現象を何というか。	13　ヒートアイランド現象
☐ 14　冬は寒くて夏は暑く，梅雨と秋雨が明瞭で，冬に雪が多い気候は何か。	14　日本海側(中部日本)の気候
☐ 15　冬は寒く，年間を通じて降水量が少なく乾燥する気候は何か。	15　内陸の気候
☐ 16　年中温暖で，梅雨や台風の影響を大きく受ける気候は何か。	16　南西諸島の気候
☐ 17　日本列島付近で冬に卓越する，寒冷で乾燥した気団は何か。	17　シベリア気団
☐ 18　日本列島に秋と春に現れる，温暖で乾燥した気団は何か。	18　長江気団
☐ 19　日本列島に梅雨期や秋に現れる，冷涼で湿潤な気団は何か。	19　オホーツク海気団
☐ 20　日本列島付近で夏に卓越する，高温で湿潤な気団は何か。	20　小笠原気団
☐ 21　火山など地下の動きにより引き起こされる災害を何というか。	21　地象災害
☐ 22　世界的にみて，地震の震源や火山はどのような場所に多いか。	22　変動帯
☐ 23　地震の規模を示す指標は何か。	23　マグニチュード
☐ 24　地震の揺れの大きさを示す指標は何か。	24　震度

□ 25	海溝型地震の際，海岸地域に被害をもたらす災害は何か。	25 津波
□ 26	内陸部の活断層がずれ動くことで発生する地震は何か。	26 直下型地震
□ 27	1995年に発生し，兵庫県を中心に大きな被害をもたらした地震災害を何というか。	27 阪神・淡路大震災
□ 28	2011年に発生し，東北地方や関東地方を中心に大きな被害をもたらした地震災害を何というか。	28 東日本大震災
□ 29	地震の被害を減らすため，調査や研究を推進している政府の特別な機関は何か。	29 地震調査研究推進本部
□ 30	近い将来に発生することが予測されている，神奈川から鹿児島にかけて揺れや津波の被害をもたらすとされる地震は何か。	30 南海トラフ(巨大)地震
□ 31	将来発生する可能性がある災害の範囲や被害状況を予測した地図を何というか。	31 ハザードマップ(防災地図)
□ 32	日本列島にみられる活火山の列を何というか。	32 火山前線(火山フロント)
□ 33	火山を利用した発電方法は何か。	33 地熱発電
□ 34	火砕流や土石流を食い止めるための施設は何か。	34 砂防施設
□ 35	大気中の温度や湿度，大気圧などの大気変動により生じる災害を何というか。	35 気象災害
□ 36	強い低気圧により，海面の水位が上昇する現象は何か。	36 高潮
□ 37	都市部を中心に短時間に狭い範囲でひじょうに激しく降る雨を何というか。	37 局地的大雨(ゲリラ豪雨)
□ 38	河川氾濫が生じても水害が拡大しないようにするという，国土交通省の新たな方針は何か。	38 流域治水
□ 39	台風のような，熱帯の海洋上で発生する空気の渦巻きを何というか。	39 熱帯低気圧

CHAPTER 2 　地域調査	答
□ 1	地域調査において，現地でしか集めることができない情報を入手することを何というか。	1 現地調査(フィールドワーク)
□ 2	地形や景観を観察することを何というか。	2 野外観察(野外調査)
□ 3	地域調査の内容をまとめて作成するものは何か。	3 報告書

さくいん

[監修者紹介]

内田忠賢 （うちだ・ただよし）

1959年，三重県生まれ。三重県立四日市南高等学校卒業，京都大学文学部卒業，京都大学大学院文学研究科修了。京都大学助手，高知大学助教授，お茶の水女子大学助教授を経て，現在，奈良女子大学教授。

専門は，文化・歴史地理学，日本民俗学，大衆文化論。おもな編著書として，『風景の事典』（古今書院），『よさこいYOSAKOI学リーディングス』（開成出版），『都市民俗生活誌（全3巻）』（明石書店），『都市民俗基本論文集（全4巻）』（岩田書院）など，翻訳書として，『風景の図像学』（共監訳，地人書房）がある。

□ 執筆　　　足利亮太郎(第1編)　新田正昭(第2編)　中井啓之(第3編)
□ 編集協力　㈱カルチャー・プロ　稲葉友子　前川裕美
□ DTP　　　㈱ユニックス
□ 図版作成　㈱ユニックス
□ 写真提供　新田正昭　アフロ(ロイター　Alamy　AP)　iStock. com(Alena Kravchenko　Angelafoto
　　　　　　Dronandy　Elena Odareeva　Evgenii Mitroshin　eye-blink　fotoember　fotothai01
　　　　　　FuGazi　grauy　hadynyah　halbergman　Instants　javarman3　Pratik Barasia　rightdx
　　　　　　Rod Wonglikitpanya　Sloot　slowmotiongli　stevanovicigor　Sundry Photography
　　　　　　tinglee1631　undefined undefined　vzphotos　wataru aoki　Wirestock　worakit_)
　　　　　　PIXTA(ノンノン　Buuchi　CLICK　Daikegoro　gandhi　kai　takanpo　VietImages)
□ 本文デザイン　㈱ライラック

SDGsアイコン：https：//www.un.org/sustainabledevelopment/

シグマベスト
理解しやすい 地理総合

監修者　内田忠賢
発行者　益井英郎
印刷所　株式会社天理時報社
発行所　株式会社文英堂
　　　　〒601-8121　京都市南区上鳥羽大物町28
　　　　〒162-0832　東京都新宿区岩戸町17
　　　　（代表）03-3269-4231

© 新田正昭　2023　　　Printed in Japan　　　●落丁・乱丁はおとりかえします。

世界の国々

[↑ミラー図法]

—— 東京から見た方位
······ 東京からの距離

①アンドラ
②モナコ
③リヒテンシュタイン
④サンマリノ
⑤バチカン市国
⑥スロベニア
⑦クロアチア
⑧ボスニア・ヘルツェゴビナ
⑨セルビア
⑩モンテネグロ
⑪北マケドニア
⑫コソボ